U1020108

每一个优秀的人，都有一段艰难的时光

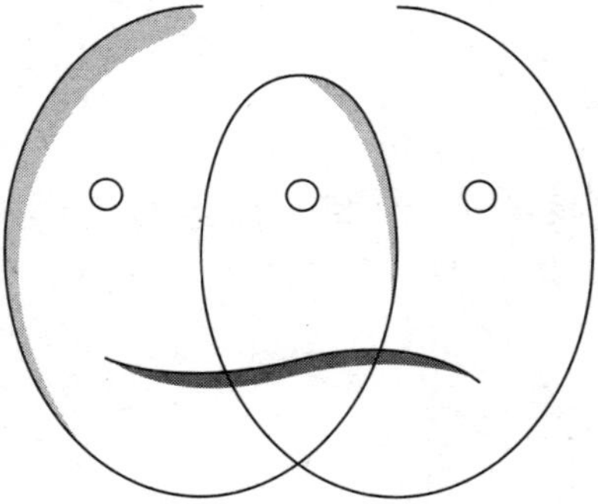

王国华——著

哈尔滨出版社
HARBIN PUBLISHING HOUSE

图书在版编目 (CIP) 数据

每一个优秀的人，都有一段艰难的时光 / 王国华著 . —
哈尔滨：哈尔滨出版社，2019.11
ISBN 978-7-5484-4385-8

Ⅰ. ①每…　Ⅱ. ①王…　Ⅲ. ①成功心理 – 通俗读物
Ⅳ. ①B848.4-49

中国版本图书馆 CIP 数据核字（2019）第 110778 号

书　　名：每一个优秀的人，都有一段艰难的时光
MEIYIGE YOUXIU DE REN, DOUYOU YIDUAN JIANNAN DE SHIGUANG

作　　者：王国华　著
责任编辑：赵　芳　曹雪娇
责任审校：李　战
封面设计：象上品牌设计

出版发行：哈尔滨出版社（Harbin Publishing House）
社　　址：哈尔滨市松北区世坤路 738 号 9 号楼　　邮编：150028
经　　销：全国新华书店
印　　刷：河北鸿祥信彩印刷有限公司
网　　址：www.hrbcbs.com　　www.mifengniao.com
E – mail：hrbcbs@yeah.net
编辑版权热线：（0451）87900271　87900272
销售热线：（0451）87900202　87900203
邮购热线：4006900345　（0451）87900256

开　　本：787mm × 1092mm　1/32　印张：7.75　字数：210 千字
版　　次：2019 年 11 月第 1 版
印　　次：2019 年 11 月第 1 次印刷
书　　号：ISBN 978-7-5484-4385-8
定　　价：39.80 元

凡购本社图书发现印装错误，请与本社印制部联系调换。服务热线：（0451）87900278

目 录

第一章 生活的果实

第二章 情愫开花

第三章 心在远方

第四章

阳光灿烂

第一章

生活的果实

世间上有一条只能前进的路，路上有荆棘的刺，也有可口的果实，希望你在前进的时候，不要忘记荆棘的痛苦，也不要忘记果实的甜蜜。

惯性向上

印象最深的是，刚毕业的时候，一个大哥跟别人聊起我的前景，说："过个两三年，攒个三五万块钱，买个房子，你的日子就安稳了（那时房价还很便宜，三万元就能付首付）！"我大吃一惊，回问道："您开玩笑吧？我月薪才500多块啊，一年不吃不喝还不到一万。我拿什么攒三五万？"

然而，大哥的预言真的没有落空。事实甚至比他说的还要乐观。我时常想，他当时凭什么对我那么有信心？也许，他只是随口一说；也许，他已经透彻地看穿生活。

他看穿的生活本质就是：人是可以惯性上升的。

一个刚刚入世的年轻人，你算计自己的未来吧！根据你的现状，无论你怎么算，都难解答出跟世界的具体关系。楼盘跟你有什么关系？宝马香车跟你有什么关系？商场跟你有什么关系？一个人，当然不能完全以这些为目标，但它们所代表的一部分未来，却是年轻人眼中遥远的梦。其实，这些物质的拥有者，当年都是年轻人。从旁观者到拥有者，要付出努力，这是毋庸置疑的。但除了努力之外，还有一种叫作惯性的东西。只要你认真地生活，不必付出多少努力，也能得到其中的若干。

随着阅历的增加，你的眼界开阔了，判断事物的准确度提高了；随着交往日多，你的朋友资源多了。这些，都能给你带来财富，带来机会。即使不去刻意索取，它也会降临到你头上。它们裹挟着你，一路绿灯，改善你的生活，提高你的声誉，加重你的分量……这不是鼓吹宿命论，也不是鼓励无所作为。我是说，不用着急，无须焦虑，生活并非“逆水行舟，不进则退”。对于大多数人来说，生活是在平稳的水中行船，始终如一地行驶，惯性就会越来越大。你骑着自行车，在一个斜坡前开始发力，很难登上去；如果你从远处就不懈地蹬啊蹬，即使不加速，以惯性的力量也可以顺利攀到坡顶。

哲人说，世界是你们的，也是我们的，但归根结底还是你们的。不用急于求成，只管踏踏实实地过好每一天就够了！

睁眼方能看得见

有一段路，始终没有路灯，已经走了多次，从没摔过跤。每逢月初月末，天黑得一塌糊涂，但一路走过来，轻车熟路。

有一次碰上阴天。真正的伸手不见五指。我忽然闭上了眼睛。心想：既然黑到这个程度，什么都看不见，干脆就不看了。

结果，脚下立刻无根了，磕磕绊绊。我赶紧睁开眼，还是什么都看不见，但双脚走得稳了。

眼睛看见的不仅仅是光，一定还有别的东西。

到手才是你的

和妻子畅想未来，计算将来能挣多少钱。妻子说，钱不到手，就不是钱。我说，希望本身就是钱。

有个姓张的人，欠了我父亲一笔钱。后来张某到我所在的城市工作，父亲让我向他催债。

我朝一位同乡讨要张某的电话。那位同乡是张某的好友，不愿意告诉我。他说他已经问过张某了，张某承认有这笔账，但要再跟相关人士对一下账。

我说："这不就是借口吗？"

同乡说："你放心，他承诺春节之前一定把账结清。"

我想：欠债还钱，天经地义，反正你也跑不了。

这几天，我正琢磨朝张某讨债的事。父亲忽然打来电话说，张某出车祸死了，那笔钱就算了，反正也不多。

钱不到手，就不是钱。没错。

任何没到手的东西，都不是你的。

需要距离

一个男孩，走在人行道上。一边走一边发短信，一边笑。

以前，我们都是写信的，写在纸上，寄给他或者她。你的笑，三天后抵达对方。等到对方笑的时候，你的笑却已消散。

有了电话，有了手机，有了电子邮件和QQ，距离拉近了。此岸和彼岸可以同时哭与笑。

可是，他们拿着手机，时而讲话，时而发短信。

短信也是信。是遮脸的套子、面具。

在话语之间，有一个说与不说的缓冲带。

人和人永远需要距离，即使技术把他们拉近了，他们还要小心翼翼地拉开，拉开……

网络情感

一个人经常到另一个人的博客上真情留言，另外一个人热烈回应。前者多次力邀：到我们这里来玩，一定安排你把本地名胜看个遍。后来，此人出差到那人的城市，大概想给他一个惊喜，事先没沟通，抵达后突然打电话过去：我已到贵地，请来接站。那人支支吾吾，说自己在赶一个紧急任务，过三天行不行？此人正好闲着，便自己游逛三天。三天后，那人又说，正忙着呢，这次恐怕见不到面了，下次再说。明显是推诿的态度。

后者悻悻返回，不理解那人为何这么冷淡。讲给我听，我说，这很正常啊，网络情感大多如此。

“我对你佩服得五体投地！”“爱你爱得死去活来！”网络上此类留言多如牛毛。恭维、亲切和承诺都轻飘飘的，一句话而已，在键盘上敲两下就出来了，仿佛一个个肥皂泡。现实世界中的情感，必须有一个个的事件做基础，多靠互相利用、互相依赖，日积月累而成。形成需要一个过程，抹掉也需要一个过程。网络情感则相反，累积简单，去除也简单。你无缘无故忽然把网络情感变为现实情感，却无现实情感来回报，他当然犹疑。

不排除真正的柏拉图式的纯精神上的依恋，但这种依恋只能悬在空中，别让它落地。要转化为为之两肋插刀的动力和力量，也需要事件的累积。

拒绝挟持

公交车突然拐了弯儿，插进胡同里。乘客都知道，司机这是在抄近路，可以节省出五六分钟的时间。但是抄近路就得绕过一个站点。好在，那个站点下车的人很少，几乎可以忽略不计。可这次司机失算了。一名乘客大喊：“停车！停车！司机，你为什么不在站点停车？”司机说：“你没见前面堵车吗？”乘客说：“堵车你也得在站点停车呀。”

司机说：“要不你在这里下车。”

乘客说：“不到站我怎么下车？”

司机说：“凭什么让这么多人等你一个人？你问问，谁不想抄近路？”

我说：“我不想。”

司机愣了，乘客也愣了。后来，司机只好拐回那个站点停下来。

司机明显在拿全车乘客为他自己赶时间找理由。我不能受这个挟持。既然制定了规则，受益者哪怕只有一个人也要遵守，否则干脆不制定。不然的话，下一个被扔在半路的就是你。

心中的狼

北京有一名大款，要花钱买个宠物来玩。他在狗市上转悠，有人便向他推荐了一只小狗崽。这只小狗崽骨架子长得很大，一打眼就知道是长大以后极凶猛的那一种狗，于是他便掏钱把它买下。

回来之后，小狗顿顿吃肉，又有专人照料，长得很快。不久，一条剽悍、强健、虎虎有生气的大狗便站立在主人面前。大款十分高兴，逢人便向别人炫耀。但是后来随着时光的推移，他发现这条狗的眼神有点儿不对劲，阴阴的，瞅人时透出一股凶光。他心里一惊：这别是一只狼吧！于是他立即找人打制了一个铁笼子，把“狗”围了起来，“狗”在笼子里凶相毕露，不安地走来走去，并低声长吼。大款去动物园找了个专家来家里，最后确认，这的确是一只狼！

大款惊出了一身冷汗！

这只是个偶然事件，然而有一种名叫“欲望”的动物却会在我们心中生长，小的时候它生动可爱，可是待它一长大，你控制不了的时候，它就会成为你生活里的狼，咬伤别人和自己。这条心中的狼才是我们最应警惕的啊！

路上

工作四五年后，自认为目睹了一切丑恶。痛下决心，要活出个性来，35岁之前，一定跟上司大拍一次桌子，骂他的娘。哪个上司找我的碴儿，撞到我头上，算他倒霉。我甚至设计出对方被骂后的若干种反应。边想边偷着乐。但当我跨到35岁的坎儿上时才发现，自己一直活得很老实，或曰很窝囊。我没敢当面骂过任何人的娘，这让我觉得失落，同时又觉得当初发下的誓言空洞无聊，毫无道理。想拍桌子，以后有的是机会，何必画下35岁这条线儿？

不少人都有过类似的设想：30岁之前必须读多少本书，其实要读书随时都可以读；35岁之前要成为什么级别的官僚，但人算不如天算，当不当官不是你个人能够决定的；40岁之前必须买车，为什么不是39岁或41岁呢，他并没精确算过，就是这样一想而已。

以上，都可划入理想之列，只是我的理想稍显另类。自己给自己设限的人，大多没什么根据，凭着感觉在走。殊不知，只要活着，永远都在路上。

路人

在某些酒桌上，总是遇到一些人。第一次碰到他或她，第二次还碰到他或她。一回生两回熟，大家碰杯，先是小心翼翼，然后推心置腹，接着说客套话，拍着胸脯承诺。酒席散后，立刻忘了对方的名字。下次再见，彼此像交往多年的老友，拍着对方肩膀称“哥们儿”，散席后，依然再无见面机会。

照常理，对方是某某的朋友，你也是某某的朋友，况俗语说“赌钱赌薄了，喝酒喝厚了”，彼此应该很快就走到一起去。其实不然，大家来自不同的地方，走着不同的路，羊肉贴不到牛肉上。有些人注定是永远的酒肉朋友。

在某个公共汽车站点，每天都碰到一些面熟的乘客。你们甚至偶尔打个招呼，下车后，各奔东西。酒肉朋友也是这样。

路过

上学时，被一篇文章打动过，标题是《单身真好》之类。文中提到，作者三十岁，一个人，快快乐乐。生日那天，到夜市上点一份时价很贵的清蒸鲥鱼，要了一瓶啤酒，边喝边看两旁的风景。

我羡慕得不得了，尤其是那份鲥鱼，那瓶啤酒，简直像两根标杆，一下子把我迷住了。

过了几年，渐渐悟过来，作者描述的那种心境，那份清闲，跟单不单身没关系。有了家口，诚然要打拼奔波，但单身就不打拼奔波了吗？有家的人要上敬老下养小，但寻觅作者描述的那样一份清闲，也并非寻不到。现在猜测，作者当时大概还没找到对象，为自己找辙儿呢。他没有写万一生病的时候，是否自己蹒跚着下地倒水喝药；万一奄奄一息的时候，是否还觉得一个人挺快乐。

多少次晚上都梦见那个作者，很想知道他后来成家没有。

停不下

假如中了500万，你会怎么办？我拿这个问题问了几个人。有点儿家底的人回答，改善生活条件，好好规划规划自己的娱乐活动，放松一下，不让自己那么紧张了；尚在为温饱挣扎的人干脆说，500万，足够我花一辈子了，从今往后，什么都不干，尽情享受！

中五百万大奖，虽然这只是一个假设，但很多人是把它当成事实去完成的。一笔巨款到手，他们选择“停下来”，不再前行。仿佛以前的努力，只是为了这一刻的到来。这一刻终于从天而降，他们还有什么理由去奔波呢？

有一位作家，20世纪80年代开始写作时，发下宏愿：写几个剧本，挣到五万元就收手，然后专心写自己喜欢的东西！请不要发笑，在“万元户”都被人羡慕的年代，五万元确实不是小数目，实际购买力起码相当于今天的三四百万元。而现在看来，那位作家实在鼠目寸光了，以为五万元就可以让自己没有后顾之忧地安享一生。但转回头来，谁敢保证今日的五百万就能为你以后的二三十年护航到底？以现在的生活方式、思维方式购买未来，永远买不到。

所以，“从今往后什么都不干”之类的话，也是说说而已。人是一种缺乏安全感的动物，只有不断地行走，才能暂时抛却恐惧。你已经走上了路，就停不下来。

怕什么来什么

有些时候，真的很奇怪，你怕遇到什么事，就一定遇到什么事。

我睡觉最喜安静，稍微有点儿动静，就睡不踏实。乘火车出行，暗自祈祷，我的邻铺千万别打呼噜。结果，睡在我上铺的人，睡在我旁边的人，一起打呼噜，且上铺还是个瘦削美女。胖子打呼噜尚有情可原，这么瘦的美女也凑热闹，简直没天理了！

在饭馆用餐，坐我对桌的人，又是擤鼻涕，又是吐痰，忙活得我眼花缭乱。转身看其他食客，一个比一个安静，斯斯文文的，没一点儿臭毛病。最倒霉的是，别人都往我这里瞅，还以为那人是我同伴呢！

在电影院里，整个剧场鸦雀无声，唯独我后座的两个人嘁嘁喳喳，故意压着嗓子淫笑。想换座都换不成，平时没几个人，偏偏那天满员！往哪里说理去！

一个外地朋友来了，约定跟我在某酒楼见面。我特意提前半小时出发。心想，即便堵车也不怕。但就在那一天，似乎全城的卡车、轿车、三轮车一起出动了，把道路塞得严严实实。我让司机倒回去，司机说，后面堵得更厉害，还不如往前开呢！终于到达地点，跟朋友解释迟到原因，朋友疑惑地往窗外看，马路上空空荡荡，别说汽车，连个人影都没有。他一定认为我的托辞太离谱了！

和同事谈领导的不是。想都不用想，领导一定在你后面站着呢。猛一回头，果不其然！而我经常在大庭广众之下以领导的立场纵论天下。你猜怎么着？没有一条能传到他耳朵里去。他始终记着的，就是我说他的坏话。

在商场里闲逛，忽然内急。来到卫生间，非得排队不可。央求前边的人，可不可以插个队，自己已憋得死去活来了。前边的人从牙缝里蹦出几个字："好歹你还能说出话！"

在你不内急的时候，卫生间根本没人，可以在里面开派对。

怎么回事，为什么倒霉的总是我？出门撞鬼的总是我？就好像所有的坏人坏事潜伏在暗处，不声不响，蔫啦吧唧的，专门等你出来，和你迎面撞上。

跟朋友提起来，竟然都有同感。朋友说，平时出门总带伞，只有今天没带，赶上一场三年不遇的瓢泼大雨，浇个透心凉！

要我看啊，怕什么来什么，一点儿都不奇怪。你去图书馆100次，97次都很顺利，三次跟管理员争执，你不以为那97次是常例，反倒这三次形成了惯性链条。人们记住的，都是自己最倒霉的事情，好事转眼就忘记了。这样一来，世界上撞鬼的人，总比碰到神仙的更多……

不要惹怒纸

朋友的手上添了道伤痕。问他是怎么回事，答曰："不小心被纸划的。"纸还能把手划破？他说这是真的，中午他整理稿子时，一张纸的边缘蹭了他一下，当时觉得很疼，低头一看，竟出了血。

纸向来是和棉花一样薄弱柔软的，竟也能把人划出血来，我想这一定是一张充满了愤怒和仇恨的纸。它要么是嫌主人在它身上添了这么多它不乐意接受的污渍，要么就是因为被平白无故折了边角而不满，或者是看主人太不把它放在眼里，而激起了它的自尊。总之，这张纸在它的众多同类之中最为激进，脱颖而出，勇敢地言别人所不敢言，为别人所不敢为，给了人类以有力的一击！

这使我不由自主地想到了兔子这种弱小的动物。它们每天安分守己地吃草，小心翼翼地提防着各种敌人的突袭，但仍然逃脱不了被追逐被吞噬的命运，随便一种动物都可以无所顾忌地挑逗它们，戏耍它们。于是，它们中也终于产生了背水一战的猛士——这就是“兔子急了也会咬人”这句话中的“咬人”的那一只。

我相信奋起反抗的纸和兔子都是孤独的。它们不可避免地倒下了，它们死得比其他朋友更为凄惨。或被撕得粉碎，或被开膛破肚。它们甚至连名字都不会留下。麻木的同类不会记得它，它们马上就要被别人捕杀，战战兢兢；麻木的敌人不会记得它，他们好了伤疤忘了疼，继续着自己的侵略的罪恶。

好在，上帝谁也不偏袒，害人的，被害的，抗争的，忍耐的，一个都不落下，最后都送进了火葬场。

成长

某单位办公室门口摆着一个挺大的鱼缸，缸里放养着十几条产自热带的杂交鱼。那种鱼长约三寸，大头红背，鱼鳍宽宽，长得特别漂亮，惹得许多来这儿办公的人都驻足凝神。

一转眼两年时间过去了。那些鱼在这两年时间里似乎没有什么变化，依旧三寸来长、大头红背、鱼鳍宽宽，每天自得其乐地在鱼缸里生活，时而游玩，时而小憩，吸引着人们惊羡的目光。

忽一日，鱼缸的缸底被本单位头头那顽皮的小儿子砸了一个大洞，待人们发现时，缸里的水已经所剩无几，十几条热带鱼可怜巴巴地趴在那儿苟延残喘，人们急忙把它们打捞出来。怎么办呢？人们四处张望了一下，发现只有院子当中的喷泉可以做它们的容身之所。于是，人们把那十几条鱼放了进去。

两个月后，一个新的鱼缸被抬了回来。人们都跑到喷泉边来捞鱼。捞来一条，人们大吃一惊，又捞出一条，人们又大吃一惊。等十几条鱼都被捞出来的时候，人们简直有点儿手足无措了。两个月，仅仅是两个月的时间，那些鱼竟然都由三寸来长疯长到一尺长！

人们七嘴八舌，众说纷纭。有的说可能是因为喷泉的水是活水，鱼才长这么长，有的说喷泉里可能含有某种矿物质，也有的说那些鱼可能是吃了什么特殊的食物。但无论如何，都有共同的前提，那就是喷泉要比鱼缸大得多！

年轻人的成长也是这样的，要想使自己长大到极致，就不要拘泥于一个小小的鱼缸，到喷泉里去，到更广阔的环境中去！

被细化的特长

每年在美国耶鲁大学的入学典礼上，校长都要向全体师生特别介绍一位新生。去年，校长隆重推出的，是一个自称会做苹果饼的女同学。大家都感到奇怪，耶鲁不乏多才多艺之人，怎么校长只推荐一个特长是做苹果饼的人呢？最后校长自己揭开了谜底。原来，每年的新生都要填写自己的特长，而几乎所有的同学都选择诸如运动、音乐、绘画等，从来没有人以擅做苹果饼为切入点。因此，这位同学便脱颖而出。

这真是一名聪明的学生。我想，如果当初她在自己的履历表上填上“擅长厨艺”，结果会怎样？肯定不会像“擅做苹果饼”这么打动人心。其实，那些填写运动、音乐、绘画的，可能也就是会打打羽毛球、吹吹口哨或者画几笔素描。但是，他们不敢那样写，非要用一个大而笼统的概念把自己的特长掩盖起来。细细打量，这背后更多的是心虚。而细化自己的特长，则显示出一种可爱和质朴，同时也是一种自信。我一个朋友求职时，在自己的简历“有什么特点”一栏中写道“说谎时容易脸红”，这比起那些自称“从不说谎”的人要真诚得多。有些特长，虽然不伟大，不高贵，但是它们照样可以让我们享受一生。细化它们，并张扬它们，你的自信便一点一滴地渗透出来。

学会游刃有余地生活

有些事情，你不注意，你也在做。这在每天早晨上班的路上体现得最为明显。我看到那些人骑着自行车，裹挟在滚滚的人流中，如果从高处看，就像蚂蚁一样，蜂拥着通过一个又一个路口，红灯停绿灯行。我也是其中的一只蚂蚁，每天也重复着这样的劳作，可我从没意识到自己其实每天都是在历险。你的自行车马上就要撞到前面的人身上了，你猛一捏车闸，它停住了；你正骑着车，一辆汽车呼啸着与你擦身而过，你一歪车把，躲过去了。虽然也惊出一身冷汗，但这是瞬间的事，你转眼就把它忘了。因为你根本没必要记住它。每天都走路，躲开汽车以免被撞，已经成为我们身上的一种本能，我们游刃有余地穿行在大街上。

可是面对生活中的磕磕碰碰，我们却往往会过多地纠缠其中。朋友的一次诋毁，对手的一次恶意侮辱，都让你怒从心头起，乃至彻夜难眠。下岗的无奈，升职的狂喜，又让你在大起伏中跌宕。我们的身心已经不属于自己，像大海中的一滴水，自己首先把自己淹没了。我觉得我们应该提倡一种游刃有余的生活，心态从容一些，让趋利避害成为一种本能。就像在大街上行走，你不能揪住每一辆与你擦身而过的汽车理论吧？在生活的路上，多忽略一些坎坷，就能比别人多看一些风景！

责任

有一位中年妇女去买奖券，花40元买了20张，即拆即兑。她撕开一张，没中，又充满希望地撕开一张，还是没中。一连撕了十几张，都跟中奖号码差之千里。最后她不耐烦了，马马虎虎地撕开几张后，连同最后一张没撕开的奖券一块扔到了地上。

正好一位从此路过的老头看见了。他低头把那张奖券捡了起来。你可能猜到了——他中了头奖，得到一辆红旗牌轿车。

这是发生在这座城市里的一个真实的故事，它在很长一段时间里一直被市民津津乐道。许多人据此得出结论：生活是充满希望的，我们不能放过任何一次机会。最后一个可能就是希望所在。

我却觉得，揭开自己命运的每个谜底是任何一个人的义务。谁都不该把这个责任推给别人。我们常常用戏剧性的故事来教诲人们要如何去做，这本身就是一个误区。谁都该坚持到剧终，哪怕最后他面对的只是一张空白奖券。

不要受伤

曾经获得世界轻量级拳击冠军的美国拳击手杰克，每次比赛前必先安静地祷告一会儿。一个朋友问他："你在祈祷自己打赢这一场比赛吗？"他摇摇头，说："如果我祈祷自己打赢，而我的对手也祈祷打赢，那上帝会很难办的。"朋友很奇怪："那你到底在祈祷什么？"杰克说："我只是祈求上帝让我打得漂漂亮亮的！最好让我们谁都不受伤！"

一个必须要将对手打倒在地而后生的拳击手，上场前竟然向上帝祈求这么一个愿望，实在令人诧异。其实什么事不是这样呢？在这个世界上，我们总要不可避免地介入竞争之中，总会有各种各样的对手站在我们面前，这时谁也不敢说每次都会双赢，更多的时候是，总要分出个胜负来。不过在这个过程中，双方起码可以让对方少受一些伤，或者不受伤。这是在目前的竞争状态下双方可以接受的一个结果。但是，我们见过多少让对方永世不得翻身的对手啊！他们踩在"敌人"身上，冷漠的眼神穿透了天空。

有时想，遇到像杰克这样的对手，即使失败了，也是人生中的一件幸事。

工作是一份恩情

陌生人见面，相互问的第一句话往往就是："您在哪儿高就？"可见，工作在某种情况下是一个人的身份的象征，也是一个人与社会联系在一起的纽带。一位朋友在某单位担任着一个不大不小的职务，工资不高，而且常常受着夹板气，那份工作与他的才华并不是很相称，尽管如此，朋友仍然兢兢业业。他的口头禅是：工作，于我是一份恩情，我为什么不热爱它呢！

把工作比作一份恩情，立即就有一份浓浓的感情渗透开来。细想想也确实如此。首先，工作让我们有事可做，给了我们一种充实的支撑。每天按时起床、吃饭、上班、下班、睡觉，生活中的规律正好符合一个人的正常生理规律。若是打破了这些规律，心灵上的空虚是自然的，而且这种空虚和紊乱会破坏原先一切既成状态的平衡。一位曾经下过岗如今又上了岗的朋友说："我喜欢上班时的那种踏实，它让我的心脏跳得比原先更平稳了。"其次，工作让我们每月都有一份工资可拿，我们就是靠着它来养家糊口，并满足自己多种正常的欲望，这种纯物质的享受让我们得到世俗的快乐。没有必要假清高，手里如果握的是光明正大挣来的钱，我们当然希望越多越好。工作于我们最重要的是让每个人的存在价值得到了体现。你工作，你的位置不可替代，你才显得重要。每当想到自己将在这一天的工作中为单位、为其他人带来效益，带来快乐，自己当然也应该跟着高兴。

身边常有一些如我一样的年轻人抱怨自己如何怀才不遇或受人压制。但谁又能够永远志得意满呢？怀着一种感恩的心情去爱你的劳累，去爱你的奔波，甚至去爱你工作中不可避免的郁闷，你会发现，它们并不是那么让人讨厌，工作也正是由于它们的存在而变得可爱。

第二眼

一个调查者受命去查访该地区贫困的原因。在出发前，就有人告诉他，那儿的人好吃懒做，无所事事。这话给他留下了先入为主的印象。果然，他来到此地后，下车去田里暗访，看到一个农夫模样的人在割草，那人坐在深深的草丛里，割一会儿就喘一会儿气。调查者想：连割草都要坐着，这儿的人真是懒得无可救药了。于是他生气地往回走。就在他转身的一瞬间，眼睛不经意间又瞥了那人一下，发现那农夫原来根本就没有双腿！

调查者惊出一身汗，想：幸亏我看了第二眼，否则我就要冤枉了一个勤劳的残疾人啊！

依我看，第二眼的意义就在于不为第一印象所迷惑，不急于下结论，凡事都需要经过认真思考。

朋友对我讲，他上班第三天就跟同事小张吵了一架，当时把他气坏了。回家后他想了许多办法去对付这个“难缠”的同事：既然他对我怀有敌意，我就收拾他一顿！

由于种种原因，他“收拾”小张的计划被一再推迟。然而就在这期间，他通过近一步的接触发现小张其实本质并不坏，并且还乐于助人，就是脾气有点急。随着时间的推移，他们工作上的合作越来越多，不知不觉竟还成了好朋友。

幸好当时没有立即“采取行动”，朋友至今还在庆幸。“第二眼”让他的生活中少了一堵墙，多了一条路。

笨拙的聪明

英国举办了一个“搞笑商品说明书”评选会，有这么几个经典的说明入选：某药厂生产的安眠药，药瓶上写着“服用此药会产生困意”；美国航空公司随班机供应的花生米，包装袋上写着“请开袋食用”；一盒沙丁鱼罐头上写着“本品原料选自奥克尼湾湖潮汐渔场出产的上等沙丁鱼，肉质细嫩……注意事项：内装鱼肉”；一款吹风机的使用说明上提醒消费者“请不要在睡眠时使用”；几种品牌的圣诞彩灯上则都注明“只能在户内或户外使用”……

相信每个中国人看完以后都会会心一笑：这些外国商人真是太笨了。有个美国老太太在饭店里被咖啡烫了嘴，竟向餐馆主人索赔500万美元，更令人匪夷所思的是，法院竟支持了这一请求！在这种情况下，如果服务生端给你的咖啡杯子上印着“咖啡烫嘴，请小心饮用”，你还会觉得可笑吗？你在睡觉的时候，忘了关手上的吹风机，结果感冒了，第二天就可以到法院去起诉厂家。所以，厂家在说明书上标明“请不要在睡眠时使用”是必要的。成熟的市场培育成熟的消费者，成熟的消费者造就成熟的生产商，而成熟的生产商又有力地维护着市场。

为什么跟那些“笨拙”的人做生意时，大多是他们赚我们的钱？我们争相抢购的，也大多是他们的商品？也许，“搞笑说明书”就是理由。

心灵的黑匣子

飞机和宇宙飞船、地球卫星一般都装有一种叫作黑匣子的东西，它由特殊金属制成，即使整架飞机被炸毁，这个黑匣子也完好无损。黑匣子可以记录飞行器的飞行速度、区间公里、外部空气压力等重要数据，可以提供飞行器失事前的一些变化情况，帮助人们找出失事的原因。

黑匣子成了最后的证据。而最后的证据常常令人目瞪口呆：许多价值连城的飞行器失事竟是由极其低级的失误造成，有的是因为没有装好足够多的燃料，有的是因为与迎面飞来的一只小鸟相撞，有的是驾驶员打了一个盹儿，而1986年美国著名的“挑战者”号航天飞机竟是因为一颗小小的螺丝钉没有拧紧而被炸得粉身碎骨！

我想，如果在人的身体上也安上一个黑匣子，记录所有的微妙变化，其显示结果也许会更加触目惊心。你看报刊上刊登的一些拐卖妇女、贪污受贿、杀人越货的案件，那些罪犯的人生败笔，起因也许是一场小小的口角，或者是羡慕别人有了一套房子，或者只是出于心理不平衡，真正本质败坏、处心积虑要把自己送上断头台的人其实少之又少。他们最后表现出的追悔莫及，一点也不亚于飞行器坠毁前的那一场挣扎！

注意自己的小节，把握自己的心灵，这是安装在人体上的黑匣子给你的振聋发聩的提醒。

斗

人类比其他动物都聪明，所以注定可以拿它们来取乐、解解闷。于是人类发明了斗蟋蟀、斗鸡、斗牛。要说忠厚的牛尚有顽固的一面，那么骆驼可就真是既踏实又温顺，绝不是角斗的对象了。

而在土耳其爱琴海岸偏偏就有一种娱乐项目——骆驼摔跤。在这儿，骆驼不再用来运载货物，它们一生下来就被精心喂养，以使它们肌肉结实，然后参加各种锻炼，以使它们骨骼健壮，长大以后，便去参加正式比赛。赛前，用布把骆驼的嘴巴都紧紧捆住，以防比赛中互相咬伤。然后对它们进行挑斗，以便让这两头骆驼之间产生相互攻击的情绪。这是一个漫长的过程，两头骆驼用平和的目光对视着，人们便喂这头骆驼一把草，又猛抽那头骆驼一鞭子，用行动告诉它们，你们两个是不平等的。如是者三，仇恨终于渐渐滋生并膨胀，它们开始用头、颈、巨大的身躯相互撞击，直至一方摔倒在地。

据说这种娱乐活动在当地还颇受欢迎。

我最想知道也最不愿知道的就是，那两头骆驼之间仇恨渐生的心理历程。这种残忍并不仅仅是针对肉体的，难道只有人类才长“心”？

敬业

公司领导不止一次在大会上说：“咱们单位最敬业的人是谁，是谁？——刘大姐！”的确，工作了好几年，哪个人没出过错？唯有清扫楼道的刘大姐始终把楼道、楼梯、扶手擦得锃光瓦亮，抹得纤尘不染。也唯有刘大姐，才敢拍着胸口说：“我就从没有出过错。”虽然她并没有这样做。

刘大姐家离单位最远，每天早晨，她得骑一个多小时的自行车才能按时来到她的岗位上；

刘大姐中午吃的是两元一份的盒饭，虽然公司里的年轻人连五元一份的都吃不下，还天天嚷着要出去下馆子；

刘大姐的地位最低，连跟她儿子一般大的小男孩都可以吆喝她过来帮忙搬东西；

刘大姐穿的始终是单位发的那件蓝色的工作服，没有一个人见她穿过其他颜色的衣服；

刘大姐的工资最低，连别人的一半都不到。

但是，刘大姐又是整幢大楼里最快乐的人，她脸上始终挂着笑。那是一种发自心底的笑。她笑着打水，笑着拖地，笑着擦去头上的汗。

没有谁敢说自己比刘大姐快乐，当然，也没有谁敢说自己比刘大姐敬业。因为快乐与敬业是画等号的。

持刀的比目鱼

当一把刀子抵在你的胸口的时候，你会有怎样的感受？

我看到过一幅图画。背景是一个盘子，盘子里有一条比目鱼，比目鱼的身上赫然插着一把刀子，刀子已经深深地进入它的身体中。那一定是致命的一刀。我无法看清比目鱼脸上的表情，但那深深的一刀让我这个旁观者似乎也感到了彻骨的疼。我始终觉得这世间的一切生灵之间其实都应该有着莫名的、我们感觉不到的联系。这种联系使我们的心灵和肌体都藕断丝连地同呼吸、共存亡。我心中隐隐作痛，为那条我不认识的比目鱼。

然而，我看到那幅图画的名字，不禁一愣——《持刀的比目鱼》。我本以为这条鱼是一个彻头彻尾的弱者，是弱势群体中的一员，是俎上之物，可谁知它竟还有着这样的刚硬。此时它的表情应该完全是轻蔑的。你不是要宰杀我吗？你不是要把刀子插入我的肉体吗？来吧，我就把插入我的肉体的刀子当作是我向你亮出的武器，当作自己最后的反戈一击，也许它对你构成不了什么真正的伤害，但我要让你看到，我在你的残忍面前是多么从容。

持刀的比目鱼没有愤怒，没有呐喊。

持刀的比目鱼只是亮出一种态度，让你震惊，让你在受人欺负的时候，为它激动得落泪。

风从迎面来

在风和日丽的一天，骑车到外面去玩，一丝风也没有，树尖都不会动一动，路上人很少，撒开欢尽兴地骑。先是向东骑，觉得有一点微微的清凉，便想，哦，今天可能是西风。待了一会儿，拐个弯儿朝向南方，正逢一个下坡。车子呼呼地向下奔去，竟觉狂风拂耳，嗡嗡作响。咦，莫非风又改作了北风？

等我停下来时细想才知道，其实这时候是没有风的。但只要你选择了一个方向，在你骑行的同时，风便产生了。而且，你骑行的速度越快，风力也显得越猛烈。

风，总是迎面而来！

放到生活中，也是同样的道理。无欲无求，自然没有阻力；有所求索，各种各样的羁绊便开始设置在路上。从来就没有铺满月光的坦途。俗话说："木秀于林，风必摧之。"但是，如果良木过于突显俊秀，即使没有风，藤条和荆棘也会来攀附它，纠缠它。

但是，我们决不能因为扑面而来的风就放慢乃至停滞了自己的脚步，不应因为有各种各样的困扰而放弃了最初起步时满怀的憧憬。这其中有两个原因：其一，有阻力才证明你的优秀，百万富翁不会钦羡乞丐手中的一块饼干，而一个人对另一个人冷嘲热讽，可能他自己心中早就先矮了半截，人们忌妒的，往往是他自愧不如的人，是使他没有了自信的人；其二，阻碍本身也是一种磨炼，能够潇洒地蹚过泥泞，超越困苦的人才更显其洒脱，人间处处皆流沙，它们淹没的是那些恐惧磨难，在它们面前心惊胆寒的人，真正的聪明者，应该利用这些机会打磨自己，使自己腰身更粗壮，脚步更坚定。

人们活着，不要被纷繁复杂的物质所引诱。但这不是说，人就应该在暖巢里庸常一生。总得有所爱、有所求。安于暖巢中，暖巢总有一天也会变冷。奔波时会有泪，摔倒时会有血，但是风总是迎面而来，迈着坚定而沉稳的脚步，人们会学会如何踩住命运的暗索，让狂风清凉了自己的智慧，大踏步地朝前走去！

孤独的人

有一次，大家在一起闲聊，一个人谈起自己的朋友非常多："走遍天下，处处都是我的朋友。"忽然旁边有人对他说："晚上的时候，你躺在床上，手捂着胸口数一数，看看你能叫上名字来的人到底有多少个。”一听这话，大家说，那干脆咱们现在就数一数吧。于是每个人都静静地数起来。结果，在座的七八个人中，能数过100的人寥寥无几。也就是说，在这些人几十年的生命时光里，地球上这摩肩接踵的60亿人中，真正能够介入他们生命的，充其量也就是那么百十人。除掉由于岁长月久已经忘掉的那些，总共也不会超过三百人。这个数据让在座的每个人都吃了一惊：“难道我们的生活圈子这么小吗？”

长久以来，许多人总以为自己的世界多么广阔，而事实上，这只是一种假象。因为就是那我们知道叫什么名字的几百人中，还有一些是你的敌人、仇人，或者不冷不热的人。你能够依托的朋友更是少之又少。再加上一些朋友随着环境的变幻，也慢慢从你的身边走掉，始终陪伴你一生的，也许只有你的影子。

这样说并不是悲观，其实这是人们早就该明白并且面对的，彻底了悟了人原来是孤独的，而且，这种孤独将永远无法摆脱。这样，人们才能够放弃原先抱着的那些不切实际的幻想，一步一个脚印地想自己的事，做自己的事，并且爱自己的事。

看轻你自己

一位年轻作家初到纽约，马克·吐温请他吃饭，陪客有30多人，都是本地的达官显贵。临入席的时候，那位作家越想越害怕，浑身都发起抖来。

“你哪里不舒服吗？”马克·吐温问。

“我怕得要死，”这位年轻作家说，“我知道，他们一定会请我发言，可是我实在不知道该说什么，一想起可能要在他们面前丢丑，我就心神不宁。”

“哈哈，你不用害怕，我只想告诉你，他们可能要请你讲话，但任何人都不指望你有什么惊人的言论。”

马克·吐温的话对很多年轻人来说都是适用的。对于年轻人来说，由于一直渴望充分展示才情，当机会突然降临在你们面前的时候，很多人都会一下子变得手足无措。第一次演讲、第一次独立做事、第一次被领导委派任务，你们可能会紧张得一夜都睡不好觉。这时，你们一定要明白，周围的人都有自己的事要做，他们没有那么多时间把注意力完全集中到你们身上，他们还是把你们当成普通人来看待，他们并不期望你们能干出多么惊天动地的大事，你们只要和别人一样，按部就班地做了、说了，就算圆满完成任务了。

也许有人会说，好不容易出现的机会，为什么不借此一鸣惊人呢？其实，在这个越来越理智的时代，一个人的优点是通过很长的一段时间，以及一系列事件展示出来的。一亮相就获得满堂喝彩的日子已经过去了。相反，过分标新立异反而容易引起人们的反感。你唯一要做的，就是让人们看到你确实为此做了充分的准备，你有一个很好的态度，这就足够了。

读高中时，我们班上有一个公认的“歌星”，无论多么高难的歌曲，从他嘴里唱出来，总是无比动听。有一次，学校举办歌咏比赛，他连预赛都没参加，直接被班主任保送进决赛。但是，由于紧张，他在决赛中完全没有发挥出应有的水平，只得了最后一名。这件事过去很长时间了，但他还在因此郁郁寡欢。他一遍遍地到班主任那里去解释：“我那天有点儿感冒，嗓子哑了，否则，我一定能取得名次的。”老师安慰他：“没有关系，我相信你！”可是他认为老师是在敷衍他，仍然见了老师就提这件事，把老师搞得不厌其烦。他最后也变得精神恍惚。

也许，这是一个比较极端的例子。但是它可以给我们一个启示：我们是否太在意自己的感觉了？比如，你在路上不小心摔了一跤，惹得路人哈哈大笑。你当时一定很尴尬，认为全天下的人都在看着你。但是你如果站在别人的角度考虑一下，就会发现，其实，这件事只是他们生活中的一段插曲，甚至有时连插曲都算不上，他们哈哈一笑，然后就把这件事忘记了。

在匆匆走过的人生路上，我们只是别人眼中的一道风景，对于第一次参与，第一次失败，完全可以一笑了之，不要过多地纠缠在失落的情绪中，你的哭泣只能提醒人们重新注意到你曾经的无能。你笑了，别人也就忘记了。

有句话说：“20岁时，我们顾虑别人对我们的想法；40岁时，我们不理会别人对我们的想法；60岁时，我们发现别人根本就没有想到我们。”这并非消极，这是一种人生哲学：学会看轻自己，才能做到轻装上阵，没有任何负担地踏上漫漫征程，你的人生路途才能更平坦。

人生高速路

汽车在高速公路上行驶的时候，速度出奇地快，只见两边的树唰唰地向身后退去。我便禁不住感叹，不愧是高速，节省了时间，提高了效率，让人真正感受到了什么叫神清气爽，风驰电掣。

但是有朋友提醒我，你瞧瞧脚底下的路，其实与市区里的公路是一样的。宽度一样，制作材料一样，平坦程度也一样，只是高速公路的面孔要更新一些而已。当然这也正常，毕竟是后修的嘛！我仔细看了看，确实是这样。这不由得让我想起在熙熙攘攘的城市里行路时的情景：那么多的人拥挤在一起，汽车排得像一条长龙，慢慢地向前挪动，行人在马路中间自由地穿梭，摆摊的、卖货的、争吵的，乱作一团。同样的路程，在高速公路上通过，只是瞬间的事情，而在城市里，走很短的一段路就得需要耐心等待很长时间。为什么一样的路却会出现这种截然不同的结果呢？我想道理其实很简单，只不过高速公路比普通公路少了很多的障碍而已。

这让我想到那些在繁华的都市里奔波的人们，他们中的许多人走的都是普通的公路，在普通的公路上相互倾轧、掣肘，人生也因此而变得笨拙、沉重。他们总是抱怨生活中有太多的负担，殊不知那都是因为他们不能放下。真正的成功人士，他们的长处应该在于自觉地扫除面前的障碍，如蝇头小利、虚无缥缈的名声，从而使自己踏上了一条高速公路，直达人生的顶峰。

为自己的相貌负责

和朋友们谈起来，大家都有过这样的感受：小时候看电影，常常是一看开头，就能够分辨出里面谁是“好人”和“坏人”。这一切只是缘于里面的人物太“脸谱化”，凡是那贼眉鼠眼、尖嘴猴腮的，一定是心怀鬼胎的坏蛋，而气宇轩昂、嗓音洪亮的，一定是顶天立地的英雄。这种电影适合小孩子看，因为爱憎分明，界限明显，所以看着不累。但是随着年龄的增长，就觉得这种东西越来越不过瘾。它缺少惊心动魄的心理较量，无法满足我们逐渐增长的求知欲。试想，一个英俊潇洒的阴谋家就藏在我们这些善良的人之中，他把自己装扮得很像一个好人，但最后终于被揭露出来，那该多刺激，多爽！

而且，现在的导演们确实按照我们要求的去做了，他们开始精心把各色人物安插在熙熙攘攘的人群中，让我们不断猜测。他们故意把好人设计成一个看上去很猥琐的家伙，或者让一个狼子野心的人西装革履，脑门倍儿亮！而事实上，这仍然走入了一个误区。因为，从一个人的面相上，确实是能够看到一个人的内心世界的。美国总统林肯曾经说过“一个人就应该对自己的相貌负责”。为什么这么说呢？原来，一个人的际遇如何，最后总能反映到他（她）的脸上。如果不信，可以观察一下你的周围，你看那脸色灰暗、年纪轻轻就满脸皱纹的，心灵上一定是被生活挤压得伤痕累累；一脸无所谓、眼神迷离的人，自然是心浮气躁，事业上也非一帆风顺；态度平和、皮肤明亮的，则是把握住了人生的方向，他们的自信已经明显地表露在了脸上。

性格即命运。其实，从某种意义上讲，一个人的相貌亦即命运。只不过，外貌还可以反作用于生活。因此，每个人都应该在现有条件下，让自己的外貌更加整洁、端庄。当然，并不是要我们都去化妆乃至整容。外貌并非表象，而是一种气质，由内而外散发出来的气质。

如何提升自己的相貌，方法很多，但其中最重要的两条，便是读书和交游。先贤有曰：“三日不读书，便觉语言无味，面目可憎。”想来这句话并非信手拈来，肯定是出自切身体验。读书首先使人平静，有一颗平静的心，才能处变不惊，举止不俗。其次，书籍可以为我们提供足够的精神营养，“腹有诗书气自华”，这是我们赖以成长的根。有了这个根，一个人的外貌才能不断更新。久而久之，新的面貌就产生了。

朋友亦然。有些人常常夸耀自己交游怎么广阔，其实朋友不在多，而在其质量。和几个衣衫整洁、谈吐文雅的人倾心交谈，天长日久，自然会受熏陶，品位不断得到提升。朋友和书一样，他们营造的是一种氛围，让你时刻浸润其中。水滴石穿，他们在一起悄悄地雕刻着你的脸庞。因此可以说，一个人的相貌是他的朋友群落的映照。

依靠外力美丽你的外貌，这并不虚妄。但它不是一朝一夕的事，需要长期的积累和努力。也许你没有刻意去改变它，可时光是公正的，也是残忍的，它把每个人的命运都写在他（她）的脸上。一些人的落魄已经毫不掩饰地摧残了他们的面容。如果有一天，你突然发现自己端庄了许多，那么，我要祝福你，你的心灵正在向幸福的岸边靠拢。

伟人的泥土

著名画家达·芬奇前半生际遇坎坷，怀才不遇。30多岁时，他投奔到米兰的一位公爵门下，希望他给自己创造一些机会。

几年过去了，在达·芬奇的再三要求下，公爵终于开恩了，让他去给圣马利亚修道院的一个饭厅画装饰画。

这是一件无足轻重的活计，一个普通的匠人即可完成。但是达·芬奇却倾尽了自己所有的力量去进行创作。他日夜站在脚手架上，干到暮色沉沉也不肯下来。有时他会抱着肩站在画前，一站就是三四天。

500年后，这幅名为《最后的晚餐》的壁画仿佛成了一个寓言：巨人，如果不嫌弃一块泥土，那么他就能使它变成黄金。

心中有花

一天，办公室里来了一个办事的人，大概是第一次到这种地方来，那个人显得有点儿局促。他没有找到要找的人，站在原地不知道该怎么办。我搬了张椅子让他坐下。他问旁边一位胖胖的女同事："我要找的那个人去什么地方了？""不知道。"胖同事冷冷地回答。"他什么时候能回来？""不知道！"胖同事明显地不耐烦起来。"那……您能不能转告他一句……""我不管！"胖同事终于大声冲那人嚷嚷起来。

那个人尴尬地走出去以后，我问胖同事为什么冲那个人发火，她说：

“我看他的一举一动就很烦人。”可是，我回想了半天，也没有琢磨出那个人到底有什么烦人的举动。相反，我发现胖同事倒有更多让人不能容忍的地方。

讲这件事时我就不由自主地想起一个故事，两个人坐在岸边晒太阳，某甲问某乙：“你看我现在的样子像什么？”某乙说：“你现在的样子很像一朵美丽的花。”然后某乙问某甲：“那你看我现在的样子像什么呢？”某甲忽然灵机一动，说：“你现在的样子活像一摊烂泥！”某乙笑了笑，没有再说什么。

某甲回到家里，得意地跟自己的父亲提起这件事，他父亲说：“你这个不争气的东西，难道你还不明白，人家是心中有花，所以才看你像花；你是心中有烂泥，所以看人才如烂泥啊！”

因此我觉得，所谓涵养，不一定要求你掌握多少知识，只要看你心中有什么就足够了。

只要有战场

著名乒乓球国手王楠获得了“年度最佳女运动员”的称号，在颁奖晚会上，主持人现场采访了王楠：“现在比你更年轻的运动员逐渐涌现出来，你感觉到害怕了吗？”“没有。”“在正式的国际比赛中，把原来的小球改为大球，你有没有感到过担心？”“没有。”“那么，在乒乓球比赛中，你最害怕的是什么？”王楠想了想，回答道：“那大概就是取消乒乓球比赛了。”

不愧是叱咤赛场的女中豪杰，她的这个答案更多的是源于对自身能力的确信。与此有异曲同工之妙的是美国富翁洛克菲勒。他曾经在一次聚会中对朋友们说：“如果把我全身的衣服脱得精光，一无所有地扔到沙漠里，只要有一支骆驼队从我身边经过，我照样能成为一位百万富翁。”

所以，身处困境并不可怕。对于真正的勇者，他们的血液里已经储备了足够多的武器，哪怕是舍去所有的外在条件，只要是战场，他们就随时可以冲天而起。关键是自己够不够强大。

主动生活

从客户的办公室里出来，我走到电梯口等电梯。电梯降到17楼，我走上去。此时，我脑子里一直在想着刚才的事。电梯走啊，走啊，我忽然发现身边的人都下去了。再一看，电梯已经重新升了上去。

原来，我上电梯时，想当然地以为所有的人都会下到一楼，因此没有按一楼的按钮。结果，除我之外，所有的人在五楼就下光了。赶巧的是，此时上面有人要电梯，于是电梯从五楼又返了上去。这是件小事，但它给了我一个启示：自己的电梯必须自己去按。

这好像是一句废话，但是想一想，我们身边是不是有很多人以为指示灯已经亮了？我有一个朋友，原来在一家效益很不好的企业工作。在大厦将倾之前，很多人准备跳槽走掉，我的朋友也是其中一个。多少次，他信誓旦旦地说：“明天我一定赶紧找一条出路，重新打理自己的人生。”但是，他的懒散性格让他直到企业宣布彻底破产的那一刻，还没有付诸实际行动。其实，如果他以跳槽的形式提前离开，起码还是一个具有某种身份的人，而现在他只能以一个失业者的身份自谋生路。这两方面背后的现实差异，只有亲身经历过的人才能深解其意。与此同时，那些提前离开的人，大多数已经开始了真正的创业，有的甚至粗具规模。

我们有时候爱说这样一句话："车到山前必有路。"事实上，这是一种对自己极其不负责的说法。车到山前，无路的时候最多，即使偶尔出现一条路，但那也不是你能选择的路，你必须被动地沿着那条路的方向走去，它的尽头是深渊或是悬崖，你都无从知晓。你自己对自己都不负责，谁还会对你负责？因此，我们提倡一种主动的生活，主动寻求机会，并勇于实践。很多时候，事情往往因为毫厘之差而产生完全不同的结果。懒散、等待、盲从都是主动生活方式的大忌。有人常常把一些事情想得很复杂，而追究起来，其根由却是因为自己没有轻轻按一下按钮。记住，有些顺理成章的生活，需要付出艰辛的努力，而有一些，只需要你积极的态度和决不拖沓的步伐。

快乐的百分比

有这样一个问题，如果给你一天的时间，你会用多少时间做自己必须做的事，用多少时间做自己喜欢的事？答案各种各样，有的说用三分之一的时间做自己喜欢的事，用三分之二的时间做自己必须做的事，有人则正想反。这个比例因人而异，有的多，有的少。还有一个问题，如果给你500万，你最先要做的事是什么？很多人的答案惊人一致：辞职，或者踹开自己的上司的门，臭骂他一顿，然后再辞职。

仔细想想，这两个答案背后隐藏的是一种怎样的情绪？前者，无论比例如何，终归是把必须做的事和喜欢做的事对立起来；后者更可怕，他们把工作看作是自己最无可忍受的事情，一旦咸鱼翻身，最先把它抛弃。

值得警惕的是，这种误区已经出现在越来越多的人的身上。可是扪心自问，我们为什么不能把自己手头上正做着的事转变为快乐的事呢？解决了工作上一个久而未决的难题，说服了一个生性顽固的客户，和误解了多日的同事言归于好，在狂风中拼命地蹬着自行车，终于在暴雨降临之前赶回了家……甚至，在傍晚的时候和妻子在林荫小路上漫步，假日里同几个朋友小酌几杯……这些，都是我们平日里在做的事，它们不值得玩味吗？不是快乐的东西吗？太多的时候，我们是被阴霾遮住了眼睛。我们把这种不用刻意寻找的快乐忽略了。

快乐的百分比在你自己的心中。你完全可以做到用百分之百的时间做自己必须做的事，同时用百分之百的时间做自己喜欢的事。这些，比中500万元大奖更容易。而它带给你的生命之快乐，却绝非500万元可以买来的。

自我拯救

出差数日，回来后发现客厅里的那盆君子兰快死了，叶子耷拉下来，根部逐渐发黄。这时我才想起，出差之前只记得给卧室里的几盆花浇水，唯独把它忘掉了。但是看它现在这副神态，好像已经没有救活的可能了。我顺手给它浇了一瓢水。过了两天，再看它，还是那副半死不活的样子。我想，反正这盆花也不是很漂亮，死了就死了吧。于是我把它搬到一个角落里，决定不再管它。

再次想起这盆花时大概是在两个月以后。那天一位朋友到我家来，在客厅里坐了一会儿，他突然说："你家这盆花是怎么回事？"我顺着他指的方向看过去，只见那盆被我抛弃的君子兰依然顽强地绿着，都两个多月了，它还没有完全枯黄，也许是我那天不经意间给它浇的那瓢水起了作用，它仍然没有死去。而且，这盆花的每一片叶子都伸向阳台……那儿是唯一能够见到阳光的地方！

朋友走后，我才重新打量这盆花，我发现这盆花充满了对生活的依恋，对阳光的热爱。我赶紧又给它浇水，松那些已经干裂的花土。

今天，我面对着这盆绿油油的君子兰，想，是它用它自己对生活的渴望打动了我，它以对土地的尊重获得了我的尊重，同时也拯救了它自己。

不同

意大利著名影星索菲亚·罗兰自小就想成为电影明星，她16岁时来到罗马，打算在这里圆自己的演员梦。可是很多人都对她说她的自身条件太差：个子太高，臀部太宽，鼻子太长，嘴巴太大，下巴太小。也就是说，她的外在条件无一能够跟人们所想象的那种演员外形吻合。就连著名的制片人卡洛也跟她说，如果她真想干这一行，就得把自己的鼻子和臀部“动一动”。但这遭到了索菲亚的强烈反对。她说：“我为什么非要跟别人一样呢？”几年后，她成功了，那些有关她“臀部太宽，鼻子太长，嘴巴太大”的议论也消失殆尽了，这些特征反而成了美女的标准。

法国科学家曾经做过这样一个实验：把10来条毛毛虫放在一只花盆的边沿上，首尾相连，围成一圈，花盆周围不到六寸的地方，撒了很多毛毛虫喜欢吃的松针。这时候，毛毛虫开始一个跟着一个绕着花盆，一圈又一圈地行走。一个小时过去了，一天过去了，毛毛虫还在不停地、坚韧地团团转。一连走了七天七夜，终于因饥饿和劳累相继死去。这其中，只要有一只稍微与众不同，就完全有可能是另外一种模样。

我们常常会以“我和某某很相似”而自豪，这个“某某”又常常是在某一方面有特长的人。可是，哪一个出色的人不是因为和别人不同才脱颖而出的？总是追求和别人相同，最终不是诸事平平，便是饥饿而死啊！

美啊美

台湾歌星孟庭苇刚刚出道的时候，着实把我们这些人迷倒了。她的歌十分动听——《冬季到台北来看雨》《谁的眼泪在飞》《你看你看月亮的脸》，虽然和其他通俗歌手们唱的东西没什么区别，可她的形象完全掩盖了歌曲本身的些许不足，一袭洁白的裙子，一头披肩的长发，一张秀气又带点儿忧郁的脸，实在太让人着迷了！她站在月光下浅唱低吟，那种传统（那时候我们还都喜欢传统的女孩儿）而清纯的形象让我们每个人都会把她带进自己的梦里。

在某一年的春节联欢晚会上，孟庭苇登台了。说实话，她在那次晚会上表现得很差，更要命的是，她甚至都没有化妆就上台了（我们以为），头发枯黄，脸上还有一点儿雀斑，声音也有些干涩。许多人都很失望，如果家里的电视效果好，可能失望得会更厉害。一位“孟迷”甚至伤心地宣布：“从此不看孟庭苇！”

尽管我的心里也有点儿失落，可我并不像他那么极端。我总认为这里面有什么不对的地方。我明白，这也许就是孟庭苇的真实面孔。可那位“孟迷”也没有错啊，心理上有落差，当然就得找个地方发泄。

这两天，我翻出旧唱片来欣赏，再次被孟庭苇带给我的美好所打动。也就在这时，我才解开了那个结了好几年的心结。尽管，普普通通才是孟庭苇的常态，可人家毕竟创造出了一种让我们久久无法忘怀的美丽。那种美丽是只有通过孟庭苇才能传达出来的。想想有多少自命清高的人，清高了一辈子却拿不出一件像样的东西来，我们不该再去苛求什么，而是应该向那些美丽过我们眼睛的人致敬。

捷径

摔跤手摔遍了整座城市，没有遇到过对手。后来这个城市里来了一个远方客人，点名要和他较量。此人是另一座城市里的高手，有过十分辉煌的战绩。两个人摔了整整一天，结果还是没有分出胜负。

到了第二天，两人约定，半年之后再一决雌雄。摔跤手回去以后问自己的师傅："我和他决斗时为什么总也找不到对方的破绽？如果找不到他的破绽是不是就证明我肯定要输掉以后的比赛？"

师傅想了想，没有说话，用手在地上画了一道线，说："在不能擦掉它的前提下，你如何让这条线变短？"摔跤手寻思了半天，也没有想出答案。只见师傅在这条线旁又画了一条更长的线，说："你看，刚才那条是不是变短了？"摔跤手愣愣地看着师傅。师傅接着说："不要总是琢磨去找别人破绽，如果你让自己变得足够强大，那么别人就无法战胜你！"

摔跤手恍然大悟。摔跤手明白半年以后的胜负已经不再重要，重要的是，先看清走路的方向，你就找到了一条捷径。

复杂与你无关

一个小伙子乘船顺江游览。湍急的江水中险滩林立，激起一个又一个旋涡。船夫却在江水中轻松地划着船，如履平地。老人已经满头斑白，双手上遍布老茧。小伙子撣去溅到脸上的水，问船夫："老人家，您在这条江上划了多少年船了？“从我16岁起，到现在已经整整50个年头了！”“那么说，你对这条江很熟悉喽？”“当然！”“哦，”小伙子恍然大悟道，“怪不得您对江中的每一处险滩都这么熟悉！”

“不，我对水中的险滩并不完全熟悉。”老人说。

小伙子奇怪地看着老人。老人说：“我知道深水在哪里，可以让我自由地行船，这不已经足够了吗？”

我的弟弟今年大学毕业，马上就要参加工作了。他听别人说，社会上的人和事很复杂，因此他担心自己刚踏入社会时可能会不适应。我把上面这个故事讲给他听。我说：“你上班接触的是同事，下班接触你的家人和朋友。这个社会复杂不复杂跟你有什么关系呢？同事、家人和朋友就是你的‘深水’，远离险滩，你的生活就会平静如水。”

自在的舞者

舞蹈演员邰丽华与别人的不同之处就在于她自幼双耳失聪。很多人都难以理解，一个听力上有缺陷的人如何做舞蹈演员？因为，舞蹈是随音乐而起的，音乐是有节拍的，节拍之于音乐正如肉体之于灵魂，没有了肉体，灵魂将何以安身？然而，我们却真切地看到，邰丽华在台上翩然起舞，裙裾飘飘，俨然是一个纤尘不染的精灵。她的每一个动作都那么干净而精致，让你感觉到连她的骨髓里都渗透了韵律。

于是有人怀疑，邰丽华真的失聪了吗？在大连的一次演出中，有人在中途突然将音乐停掉，全场观众都惊愕地看到，邰丽华浑然不觉，她依然像沉醉了似的，在飘逸的舞步中轻歌曼舞。一曲就要结束的时候，音乐重新响起，人们发现，邰丽华的舞步居然仍能够和音乐合在一起，就好像刚才的音乐根本没有停掉。所有的人都被震撼了。一位诗人说，邰丽华的舞蹈已经超越了音乐，她是一名自在的舞者。

是啊，当舞步就在我们心中的时候，一切外在的约束都已经不再是问题。可是，你环顾四周，看到的几乎都是拘谨的身影。他们形容猥琐，被物化的规矩羁绊了前行的步伐。也许，夜深人静的时候，他们应该扪心自问：音乐是否在我心中，舞步是否在我心中？

木刺与人生

有一次，我的手指头上扎了一根木刺，用针挑也挑不出来。没有办法，只好等着它发炎、化脓，然后挤出来。这是一个漫长的过程。说起来很轻松，而那时的阵阵疼痛却实在是难以忍受。也只有在那时，我才发现，原来一根小小的木刺就足以扰乱我平静的生活。那时我就常常在心里暗下决心：等我的手好了以后，我一定要加倍小心。

但是等创伤痊愈，我又大大咧咧起来，正所谓“好了伤疤忘了疼”。我想这可能也是人们的一种很正常的心态。

天下本无事，你何必小心翼翼，何必庸人自扰？但我要讲的并不是凡事都去东张西望，诚惶诚恐，而是珍惜。

报纸上有一则消息：一个杀人犯被判了死刑。他杀人的原因是那人在公共汽车上踩了他一脚。两人发生口角，继而动起手来，最后这人一怒之下用砖头向那人头上连砸几下，将其杀死。我想象不出当初二人是怎样发生口角的。也许这涉及一个人的尊严问题，但我想，朝对方笑一笑，不会有损自己的人格吧？也许当初他们两人心里都憋着一股无名火？这也不得而知。

都市人天天生活在拥挤嘈杂的环境里，难免心绪烦乱，焦躁不安。但我们该学会自我调节。生活平静，于你就是最大的恩泽。都市里每天都在发生车祸，一场车祸就毁掉了至少两个家庭。还有许多突然发生的天灾人祸，杀人、瘟疫、抢劫、楼倒屋塌、洪水地震。有些东西可能随时都会降临到我们头上。而且，这一切可能是想避免也避免不了的。所以，在没有波澜的日子里，我们应该感到，其实我们是在享受，同享受温暖的阳光一样，让它平静和煦地照在我们身上。

我身边有一些朋友，他们渴望漂泊，渴望撞击，喜欢一种刻骨铭心的疼痛。其实每个人的骨子里都有着不安分的因子。这要看你怎样去运用它，把握它。把自己撞个头破血流，为的是什么呢？我想，那一滴滴淌下的血不会给他快感。给他快感的是鲜血流下以后那片刻的宁静，如同天空一样广阔的宁静。

每个人都不甘平庸，但是我们更应该珍惜平静的生活。在无风无雨的日子里，要微笑，要踱步，要仔细地品味，因为我们平静的日子不是从天上掉下来的，而是靠我们自己勤奋地工作，努力地劳动换来的。多日的奔波才获得了这难得的平静。一朝到手，为什么还不紧紧拥住它？所以，在你拿取东西的时候，一定要小心，别让木刺扎了你的手，别因一根小小的木刺破坏了平静而美好的生活。

幸福四处传唱

幸福是什么呢？朋友问我。的确，这个话题太大了，于是我只好给他讲故事。

第一个故事发生在我自己身上。

有一天我和朋友骑自行车去风景区玩，那时候正是春天，一簇一簇的桃花盛开得灿烂无比，偶尔有几只黄绿相间的小鸟跃上我们的车把，这景色太美了。

我们骑着自行车慢悠悠地走着。转眼之间来到一个大斜坡上。在那样一个晴朗的早晨，如果撒开了车闸，任由自行车呼呼地沿着斜坡无拘无束地冲下去，那种狂风拂耳的感觉的确是太棒了。我看到我的朋友就这样做了。他弓着腰，身子伏在车把上，惬意十足地欢呼着冲了下去。而我呢？由于车闸失灵，只好跑一段，看车子由于惯性越来越快，就赶紧下车，再跑一段，再下车。那种感觉，就如口渴的人，喝一口水，停几分钟，一口一口地饮，总不能尽兴。

而且，风景区中景色秀丽，一个丘陵连着一个丘陵。我们满头大汗地爬上一个坡，就得再下一个坡。上坡累，下坡更累，心里很紧张的那种累。一路上，我根本没心思静下来看看桃花或绿柳，老是惦记着自己的车子。

等我回来以后，马上找人把车闸修好了。现在，我随意穿行在大街小巷，遇到斜坡就呼呼朝下冲。其实有很多时候根本用不着车闸，往往是一跑到底。只是自己知道自行车上有一个灵活的车闸，遇到意外情况可以随时停下来，有了这种保障，便可以自由地飞翔了。

这个故事跟幸福有什么关系呢？我对我的朋友说，幸福也必须得有一种非常牢固的东西做依靠，或精神或物质，或追求或信念。我不知道幸福具体是什么。但是，如果它两个轮子朝前滚动的话，它必须得是一辆带闸的自行车。

第二个故事来源于一个笑话，叫作“钉子汤”。

说的是有位旅行者在半路上走累了，又感到特别饿，便来到路边一间屋子里讨饭吃。

屋子的主人十分吝啬，不肯拿食物给旅行者。

旅行者说：“您只要给我一根钉子就行，我能做出香喷喷的汤。”

主人感到特别奇怪，便拿出钉子来让旅行者煮。

旅行者把钉子放进锅里，倒上水，点燃火，兴致勃勃地做起来。

等水“咕咕”地烧开了，旅行者问：“可以给我点儿作料吗？”主人想，我倒要看你怎样用钉子做出好吃的汤来，便说：“可以。”

旅行者说：“请拿一块奶酪。”主人递给他。“再给我一个鸡蛋。”主人又拿出鸡蛋来。

然后，旅行者又讨了盐、菠菜、西红柿，以及青稞面和食用油。

最后，旅行者把一锅热气腾腾的汤端上来，请主人和自己一起品尝。

主人喝一口说：“嗯，好吃，确实是好吃极了！”

如果我们抛掉了这个故事里的幽默因素来看，倒是能得出些结论：其实生活本身不过是一根枯燥无味的钉子，它很现实，但是在我们的生命中，又有许多东西可以用来作为调料，如果让它们成为岁月中的主流，从而淹没生活本身的枯燥，我们就能喝到香喷喷的幸福。

第三个不算故事了。它是一个数据。美国人到日本以后，去问那些切仔面和寿司面的店主，问他们面汤最美味的温度是多少度？问他们寿司面中生鱼片、墨鱼、虾的脂肪含量有多少？这些成分的比例各占多少寿司面才能既美味又有营养价值？问得那些老板们一个个直摇头。普普通通的食物，谁去那么仔细地研究呢？

而美国人可以骄傲地告诉日本人：可口可乐在四摄氏度时最为可口，因而全世界卖可口可乐的冰柜一律为四摄氏度。

汉堡包的厚度是17毫米，经科学研究，面包在17毫米的厚度时放入口中味道最佳。汉堡的每个气孔都是五毫米大，汉堡包里面的牛肉是45克，放在厚度为x毫米的铁板上，表面温度为y度，烤五分钟，只有这样其味道才最美。

这如数家珍的叙述，令日本老板目瞪口呆。

讲到这儿，我的朋友笑了。他对我说。你别看日本老板说不出什么科学道理，但他的面做出来肯定比汉堡好吃。

其实，幸福也是这样，谁也没法度量它的长度，会生活的人不用别人指教也照样津津有味地生活。

它不可操作，凭的是感觉。

淹没

名人去世了，朋友们都来参加他的追悼会。昔日前呼后拥、香车宝马环绕的名人躺在骨灰盒里，百万家财不再属于他，宽敞的跃层式楼房也不再属于他，他所拥有的只有一个骨灰盒大小的空间，山珍海味浇灌的肚子也化成了一团灰烬。

从名人的追悼会上回来，几乎每个人都会产生看破红尘的念头：那么聪明的一个人，那么会算计的一个人，每一个与他斗的人最终都败下阵来，可是他斗来斗去也斗不过命，撒手人寰以后，一切都成空。

人们想，趁现在好好活着吧，活着就是幸福，你看名人的遗孀那副泪水涟涟的样子！什么名呀利呀，权呀势呀，轰轰烈烈了一世，最后还不是一个人孤零零地走路？以前踩着那么多人的肩膀向上爬，得罪了那么多人，值吗？

追悼会是一次洗礼。从死亡的身边经过以后，才知道活着是怎么回事。回到家以后，一定给我的死对头打个电话，让我们言归于好吧，让我们好好珍惜现在鲜活的生命。

路上堵车，堵了好长时间。汽车喇叭一个劲儿地狂响。车外是扬尘的街道，喧嚣的人群。心情渐渐浮躁起来，直想骂娘。忽然想起今天晚上又要加班，那个可恶的上司又要刁难自己，那个幸灾乐祸的死对头又要窃笑。

明天还是要忙忙碌碌地奔波，钩心斗角地生活。

一边是死亡的震撼，一边是活着的琐碎，我们很容易被死亡震撼，然而我们更容易被活着的琐碎淹没。

在汽车上

这一趟公共汽车里的人特别多，车厢前半部分是成年人，后半部分则挤着十几个小学生，听他们的议论，大概是要到郊区去旅游。小孩子们都很兴奋，叽叽嘎嘎又说又笑，闹作一团。孩子们的喜悦并没有传染给这些心事重重的成年人，他们有的眼望窗外，有的面无表情，有的甚至用厌恶的眼神斜视着这些沉浸在欢乐里的孩子。

汽车平稳地向前行驶着，没有一点儿出现意外的迹象。但就在这时，司机忽然一个急刹车，“嘎吱”一声，把这些毫无防备的乘客着实晃了一下，你的前胸撞到了我的后背，他的胳膊肘又撞到了你的左脸，有的乘客甚至一屁股坐到了地上。沉闷的车厢里一下子沸腾起来。车厢前半部分的人在愤怒地指责司机。司机解释说刚才出现了紧急情况，有个骑自行车的人横穿马路，自己是为了避开那个人才忽然刹车的。但一些乘客并不原谅他，说自己摔伤了，要到医院去看病，司机必须为自己支付医疗费。司机当然对这种说法嗤之以鼻，于是双方爆发了更加激烈的争吵。这时也有的乘客开始把矛头指向那个骑自行车的人，说应该下去揍那小子一顿，让他记住这次教训。大家你一言我一语，吵作一团，骂作一团。

当时我就在这辆车上。当我的脑袋猛然之间与另一名乘客的脑袋撞在一起的时候，我的第一反应是愤怒，第二反应是想打谁一顿。可是无意之中我发现了车厢后半部分的孩子们，他们从惊恐中恢复过来之后马上哈哈大笑起来，仿佛被一件极可笑的事击中。这个说：“哈，你刚才差点儿摔倒，你可真笨！”那个说：“小明趴到你身上，把鼻涕都蹭到你肩膀上了。”这场意外给孩子们带来更多的话题，整个车厢后半部分更热闹了。

我忽然为自己感到羞愧。我发现，我们这些成年人在遭遇意外时，马上就会把自己定位成受害者的角色，即使对方是无意的。这就是为什么总会有那么多因误会而生的仇恨出现在成人中间。而孩子们则不然，他们把很多事情（只要不是危及生命的）只是当成生活中的一段小插曲。从这方面讲，孩子们是我们当之无愧的老师。

问候

有一位经理，在商场上经营多年，向来以守信义和重感情著称。逢年过节，必给有生意往来的朋友打电话致意，嘘寒问暖，很是诚恳。大家都说，这人不错。

这年春天，他在吉林省吉林市谈了一笔大生意，但遇到了一点儿小麻烦，迫切需要一个当地人出面化解。找谁出面呢？他一拍脑袋，想到了自己的一个老同学。像他这样的人，在全国各地都不愁没有“铁哥们儿”。于是一个电话打到老同学家里。接电话的是老同学的妻子。还没等人家开口，他先说上了：“欸，嫂子，我是某某，我想死你们了，你的身体还好吗？哥哥的老寒腿怎么样了？还总是疼吗？现在天气好了，让他有时间多出去溜达溜达吧！”

然而，电话彼端沉吟片刻，没有回答，挂掉了。

他不解。打电话给其他同学，才知道老同学已经去世了。当年2月15日，吉林市中百商厦起火，火灾中50多人遇难。电视里连续几天都在播出这则新闻。很多外地的亲友看到新闻后，都在第一时间打电话询问情况。当然，他们得到的都是令人痛心的答案。而这位经理，当时也看到了新闻，但他一笑了之，仿佛与己无关。

一不小心，还是暴露了一个人在另一个人心中的位置。扪心自问，你有多少问候是发自真心的？又有多少问候是在求人时的虚与委蛇？

偶得一佳句

从前，某诗人梦中得一佳句，吟与别人听，都夸：“好诗好诗！”这句好诗迅速传播。以后每逢聚会，他便被隆重推出：“这是诗人某某，曾有佳句‘×××××’传世！”“哦！”人们作大悟状，纷纷与其拍照合影，留作纪念。诗人名声远播。

再见面，人们省略了麻烦，干脆介绍，这是著名诗人某某。他的传世佳句是什么，无人能记得了。

到了今天，情况还是这样：“这是著名企业家某某”“这是某著名歌星某某”。至于做过什么企业，无人知晓；唱过什么歌，没人关心。

如同买椟还珠，身边聚集着一堆漂亮的盒子，到底有没有珠？珠到哪儿去了？无人关心。

能走就走

你在站台上等班车。班车来了，司机大喊："要上快点儿上！"你探头瞅瞅车厢里，人已经快坐满了，只剩后排的两三个座位。你犹豫着。司机善意地提醒着："最后一班了，别错过了！"这晴天朗日的，怎么会是最后一班？但让后面的人一拥，便身不由已地上来了，找个座位坐下吧，心里却老大不情愿。

车往前走，靠站，一大群人要上车，司机吆喝着："慢点儿慢点儿。"一大群人吵吵嚷嚷地站在过道里。你开始庆幸，好歹有个座位。

车出城，又一群人拦住车，乱哄哄地要上来。司机探出头："挤不下了，等明天的吧！"一踩油门，绝尘而去。留下后面一片骂声。

车厢里满满当当，确实一个人也挤不下了。问问周围的人才知道，其他班车都临时被抽走，这真的是最后一班了。你头上淌下虚汗。

与生俱来的不信任让我们错过了多少机会？你信不信，自己上的车已是最后一班？有些人等啊等啊，白了少年头还在空等。

错位

一青年失恋，终日茶饭不思，不言不语。家人日渐恐慌，忙请来医生。诊断书曰：此人患了抑郁症，需请心理医生。心理医生来了，看完后说，此人病重，他也没招儿，需请心理医生中的大腕。大腕来了，跟病人相了半天面，沉吟再三：“看来要用我的绝学了。”于是把青年家人找来，耳语道：“办法是以毒攻毒，我扮成病情更加严重的抑郁者，天天向他请教，你们要配合！”

此后，大腕以亲戚的身份出现在青年家中，愁眉苦脸地坐在青年身边，相对无言。青年好奇，终于开口和他聊起来。一聊才知道，这竟是一个苦更大仇更深的人，怨言满腹，悲情满怀。大腕倒苦水，青年听后一比较，自己的那点儿破事简直就是不值一提。闲着也是闲着，于是青年试着开导大腕。青年越开导，大腕越诉苦。青年翻箱倒柜找出心理学方面的书籍，现炒现卖给大腕“上课”。

一年后，抑郁症青年竟成了心理学专家，心理医生却成了抑郁症患者。

凡事都可以玩玩，但什么事也别玩大了，万一弄假成真，看你怎么抽身。

就找他

大家都知道，他的口头禅是“没问题”“我试试”。

“帮我把东西递过来。”有人说。“没问题。”他伸手把人家的东西递过去。

“请我吃饭吧！”“没问题。”于是在饭店里摆了一桌。

“这个难题你能解决吗？”“我试试！”结果他没有解决。但是下次人们还找他：“这个难题你能解决吗？”他的回答依然是：“我试试！”

“我儿子要出国，护照能办吧？”“我试试！”一个小职员，有什么门路去办护照？但人们似乎对他深信不疑。结果自然也是没办成。

“这个人是好人啊！”人们这样评价他。

是的，他不会说“不”。有时候，人们明知道他力有未逮，还是要找他。在走投无路的时候，不拒绝，就是最大最好的安慰。

消化痛苦

因为一些琐事，心里上火，嘴里起了溃疡。去药店买药，售货员拿出一盒药说，这种喷剂疗效显著，三天就能好。我买了药，却不相信她的许诺。因为，我的口腔溃疡才刚刚开始，自己可以感觉到它每时每刻都在进一步溃烂，一点儿一点儿钻心地疼。它正在不可避免地蓬勃壮大。一盒药能挽回大势吗？病很强大，药也强大，如果它们在我口腔里决斗，会是什么样子？我想，二虎相争，吃亏的还是我的嘴。良药治病，只能是顺势而下，而非逆势而上。果然，在用喷剂治疗的过程中，溃疡继续成长，直到它扩大到整个口腔，已无路可走，精疲力竭，才收住脚步。药物也才开始一点点起效。此时，我能感觉到药物在小心地抚平创伤，收复失地……

我的病，不是突然降临的，它经过了一段时间痛苦的积累，终于暴发。要消化掉它，没有什么特效药，只能用同等的，甚至更多的时间。人出来混，总是要还的，治病救人，亦需一字一句答复病症爆发前的问题。患者要消化的，不仅仅是病症自身，而是把以前的整个历程都消化掉。这，真的需要时间。

失恋者问，我该怎么办？他的朋友答复他，忘掉那个人，回家好好睡一觉，第二天阳光灿烂，一切重头再来。

我在旁边听着，心说，哪能这么简单呢！劝人者自然是好心。但对于被劝者，他用了多长时间去记住一个人，就要用多长时间去忘掉一个人。

你的好心，你的多心，你的操心，都是多余的。他心中的伤，要溃败到彻底，泪流尽，血淌干，才能转回头。“回头是岸”“一笑泯恩仇”之类，只是旁观者的“迷”，而不是当事人的“清”。

所有劝慰别人的人，都想当头棒喝，让对方幡然醒悟，瞬息转念。其实，和那盒喷剂一样，没什么作用。且让其按部就班地走下去吧，继续溃败，也是他自己的宿命。

跳出来

春暖花开的时候，友人邀我去郊区踏青。我说，没空。对方问：“那你干什么呢？”我说，正在赶写一篇文章，如果写不出来，就要有多少多少损失。一听说可能造成损失，对方不再追问了。

第二天，友人跟我描述踏青时的种种快乐细节。我开始无动于衷，但转念一想，如果我昨天不写那篇文章，会怎样呢？答案似乎是，并不会怎样。天天都有要写的文章，这一篇也不比其他的更重要。但朋友讲述的那些快乐，若体验了，可能让我终生难忘。

某甲给我讲过这样一件事。90年代初，他和好友某乙合伙做生意，因为2000元的归属问题，两人发生了争执。他们谁也不肯让步，最后分道扬镳。此类事在商场上早已司空见惯。而今步入老年的某甲，端着酒杯对我说，现在再看，2000元算什么。就在当时，2000元虽然是个大数，但也不会让生活发生质的变化，可以说，它没有任何意义。只是大家都深陷自己的逻辑，为了这没有意义的2000元，双方各自失去了一个好朋友。就算今天拿出10万元，也买不到当时那么情投意合的朋友了。

我问某甲，那时你能预料到以后会后悔吗？答曰，当然没有预料到，但那时真该跳出来看看。

他提到的“跳出来”，说穿了，就是站在后来的角度打量眼前的事。这样试试，其实很多看似泰山压顶的难题，一下子迎刃而解了。一个忙碌了好几十年的人，回忆一下，真正有意义的东西，难以忘怀的人和事，能有几件？你眼下的斤斤计较，实在是自我压迫。计较到手了，也没有你想象得那么重要，你的焦虑，跟你的整个人生比起来，完全不值一提。你不焦虑，事情也过得去。你的一点儿小欣喜，只是瞬间的快感，转眼就被时间的洪流淹没，何必为了这一点儿小欣喜舍弃值得永久记忆的事？

是的，这怪不得我们。生活嘛，仿佛大酱缸，一头扎进去，就被无穷无尽的琐碎淹没，没有时间思考什么是“意义”，什么是“值得”。

或曰，生活就是由一件一件小事逐渐凑成的。跬步不积，何以致千里？

但是，千里也不是一模一样的跬步积累出来的。时不时地跳出来，偶尔张狂，也是跬步的一种方式。它摆脱了拘谨，可以让生活更洒脱，更流畅。

你跳出来了吗？

大美

朋友喜欢自驾游，开车从北京去西藏玩了一趟。回来后，问他看到哪些著名景点。答曰，景点没什么意思。

那么说，这一行没什么收获了？

当然有收获，其实景点都大同小异，进去以后实在没有可看的东西。我们的快乐全在汽车上。汽车风驰电掣般开过去，视野里都是大片大片的荒原、沙漠、树林、山峦，像展开的画卷，那才叫美呢。所谓景点，都变小了，甚至可以忽略不计。一边走一边浏览画卷，你就会明白“风景在路上”的道理。

我忽然想起乘坐飞机时，飞机起飞后的一刹那。朝下面看，一座城市，渐渐变小，宽阔的街道成了一条细线，小区成了棋盘，恬静的湖泊成了水碗，一丝一缕的细节之美，转变为大开大合的粗犷之美。如果说，在城市里生活的时候，常常沉迷于人为的雕梁画栋、小桥流水，那么，站在几百米上千米的高度再打量，那曾经让你沉迷的一切都不见了，你见到的，只有大自然本身的浩瀚和沉静。

朋友说，汽车奔跑起来，风景是流动的，静止的景点与其比较起来，显得呆板。我说，这和从飞机上打量地面一样。

在飞机上，高度变了；在汽车上，速度变了。所谓距离产生美，其实就是调整了高度和速度，它产生出来的大美，淹没了小格局、小情调。细节之美会带给你愉悦，这种大美却带给你震撼，心胸为之开阔，呼吸为之舒畅，非亲历者无法体会得到。

有人说，美，需要发现美的眼睛；我说，对于大美，需要打量的高度和速度。

想草率，真的不难

某设计公司为一家大型企业设计了一套图片。这家企业的老总看过以后，表示满意。但第二天，企业高层开会定稿的时候，老总忽然发言，比如，这个门为什么是红色的？如果设计成绿色的，是不是更漂亮？徽标也有点儿蠢，可以再纤细一些；英文字母似乎应该再大一些……他滔滔不绝地讲了很多，最后总结说，连一个中学生都看得出来的问题，设计公司就看不出来吗？这样的方案我们不能用！

价值数万元的生意泡汤了，设计公司很不理解，老总的态度转换实在太快了。后来，他们几经周折打听到原因。那天晚上，老总把一摞图片带回了家。老总的女儿闲着没事，翻看一遍，然后大发了一通议论。老爹认为女儿见解深刻，照单全收，第二天就在决策会议上“传达”了。

几个资深设计师辛苦半个月，竟让一个毫无专业知识的小丫头随口几句话就搅了生意，到哪里说理去！设计公司的经理很憋气。但你不要以为这是个案，很多决策者的意见都是这么来的。一个单位的领导郑重地向下属推荐某个财经论坛，说该论坛上精品帖子特别多，值得深入研究，原来，他儿子就是那个论坛的版主；某处长每次开会都提到某部电视剧里的一句台词，说到得意处，把自己逗得哈哈大笑，其实他根本没看过这部电视剧，只是他老婆非常喜欢看，并经常对他念叨该台词，给他留下了深刻的印象。

当然不能把决策者的愚蠢决定都推到他们的家人身上，但是，他们身边人的哪怕不经意的话，的确常常成为他们做决策的重要参考。他们自觉不自觉地把身边人的看法等同于大众的意见，因为很多决策者平时接收的有效信息实在有限，别指望他们靠博览群书、刻苦学习来增长见识，他们才没那个闲心呢；也不要期待他们本身真的有多高明的见解，他们只能照搬妻儿老小的意见。某些时候，如果感觉决策者的说法有点儿诡异，你放心，那背后一定晃动着他的家人或者朋友的影子。

自然，决策者身边的人也不见得个个颟顸愚蠢，心怀鬼胎。长孙皇后对于唐太宗来说，不就是贤内助吗？她还主动介入政务呢！但有一点比较要命，一个人被派来当你的上司，后来才发现，上司其实是他妻儿的传声筒，而他还扬扬自得，自以为见多识广，这可怎么办？

望穿花朵

窗外站着两棵树，一棵是苹果树，另一棵不知名。

它们谁也不跟谁说话，但它们之间一定没有人类这么多的爱恨情仇吧?

没有脚就没有爱恨情仇。一朵花会恨另外一朵花吗？不会。它们只能遥遥相望，互相致意，它们一辈子也摸不到对方的手。

此人和彼人不见面，一样爱得死去活来，恨得咬牙切齿。声音、文字、影像，都是他们的脚，跨越山山水水，刺穿对方的心。

没听见

曾经有一同事，50多岁的“万人烦”，其讨厌之处在于，自吹自擂，认为自己比谁都厉害；贬低别人，别人一无是处，他浑身上下都是优点；动辄吵架，跟人辩论时他必须占上风，一旦落败就纠缠不休，直至酿成战火；荷尔蒙分泌失调，见到女性就说些污言秽语，乃至动手动脚。

后来，此人被单位开除了。每次见到旧同事，他常常问：“为什么他们都在背后说我的不好？为什么见我就躲？”言外之意，他们为什么都讨厌我？这样的问题令人很尴尬。你本身令人讨厌，还要让别人一字一句地掰开揉碎讲清楚，你想干啥呀？有一种处世方式，叫作“不问”，彼此心知肚明，心照不宣，也就得了，为什么非把这层窗户纸捅破？你就不怕难堪吗？其实，这位旧同事并不是真糊涂，他自己的阴损之处，他比谁都清楚。之所以追问，就是想让别人把话摆到明面上，他好有的放矢地反驳，酿成新的战火。

但是没人给他这个机会。大家都顾左右而言他，装听不见。

见面就是永别

聚会时，某人自称在法律部门工作，然后掏出一堆名片，分发给在座的每个人。我看了看，还是个什么处长之类的。他说，他在公检法都有熟人，说话好使，以后谁有事，打个招呼就行。我心想，我找你干什么？你这不是咒我们出事吗？火葬场的人能说“欢迎找我办事”吗？

相信谁也不愿意摊上官司，更不愿意见到这位处长。这位处长的嘴脸之鄙陋，在于他一副能为别人办事的样子，他把人和人的关系定位为互相利用，而且坚信别人将来一定会求到他。其实，没了这个职位，他马上就瘪茄子。

碰到过不少这样的人，听过很多次这样的开场白。我常想追问他们一句：“找你，你真敢为我徇私舞弊吗？”

在他们得意于自己的八面玲珑时，我已从心底彻底把他们剔除了。既然你把我定义为可以互相办事的人，而我又不能为你办什么事，咱们只能有一个结局：见面即永别。

第二章

情愫开花

最好的遇见，不是你貌若天仙，也不是我腰缠万贯，而是你情窦初开，我刚好听懂了爱的真言。

文明行为

读高中时，一位已经考上大学的师兄回来探望我们，说起一些趣闻。其中有这样几句话给我留下较深的印象："咱就是老农一个，哪像那些城里人，看着我一口痰吐在地上，一个个目瞪口呆。"这话让我非常反感，我觉得他颇有些卖丑的嫌疑，如果不懂规矩也就算了，最可恨的是他讲话时的表情，还挺得意的呢！

但是等我自己也上了大学，初次来到繁华的省城，我也开始遭遇了许多这样的不适，尽管我一再提醒自己千万别露怯。比如我原来是三天刷一次牙，而别的土生土长的城市孩子是每天都刷牙。我很少洗头，而他们隔几天就要洗一次头。我对下雨下雪颇敏感，因为我知道这是地里的庄稼最需要的，而他们只想到在雨中漫步或者打雪仗。经过我自己的细心总结，我发现我们最大的差异就在于个人卫生和生活情调上。他们爱洗洗涮涮，爱玩也会玩。打台球、看电影、滑旱冰什么的，样样精通。这让我很有点儿自卑。说实话，我对他们的生活方式是认同和羡慕的。但谁知我没有得到相应的鼓励，反而经常受到嘲笑。他们常常以阴阳怪气的口吻指责我这也不对那也不好，把我本来很糟的心情搞得更糟。直到最后我愤怒地想，滚吧，我爱怎么着就怎么着，我不文明你们更不文明，你们对我个人自由的扼杀，就是最大的野蛮！

我也开始隐隐地理解那位师兄了，他那样以丑为美，是不是对所谓文明的一种反叛？

其实乡下有乡下的习气，是自有其原因的。我们那儿遍地黄土，你就是天天洗澡也是脏的，再说谁能不干活天天在家里洗澡？鸡鸭猫狗总爱往屋子里钻，扔在地上的瓜子壳比起鸡粪来还是干净的，往地上扔个烟头，吐口唾沫似乎也不是什么大不了的事。我参加工作后，过春节时回家，去亲戚家串门，点上烟我就下意识地找烟灰缸；嗑瓜子，把壳都攥在手里，等攒多了再扔到簸箕里。这很有点儿假扮相的味道，幸亏我弟弟帮我解围："在外面待了这么多年，习惯了。"确实是这么回事，我知道乡下人很在乎一个人出外混事，回来后是不是忘了本。而生活习俗的改变便是忘本的表现之一。这么着，我自己倒成了夹缝里的人，在城市里改变自己农村的习惯，在农村改变自己城市里的习惯。改来改去，我也不知哪个是文明，哪个是愚昧了。

有一个农村朋友来看望我，他在我的屋子里把花生壳扔了一地。本来刚开始时我还是将花生皮放在烟灰缸里的，后来趁他不注意，我也都撒在了地上。我怕他发现我和他的不同后会不自然。我知道，再也没有比尊重一个人的人格更重要的了。

最是那柔媚的一指

电视新闻里说，某球员向观众做不雅手势，观众很生气。我看了看画面，不过是伸了下中指而已。有人说，中指代表性器官，伸出中指，即骂对方为"××"，这只是一个约定俗成的理解，大英百科全书里面似乎没有这么一个明确释义。

小时候，跟同伴较劲，常常伸出大拇指说，我是这个，再伸出小拇指说，你是这个。这个比较容易理解，大拇指是老大的意思，小拇指叨陪末座。除了“六指儿”，大家都有五根手指，但除了大拇指，你把其他任何一个伸向别人，好像都不那么让人舒服。伸出食指，是指着别人，两人吵架时常用的手势，若再颤上几颤，就更显出对对方的鄙夷。对方但凡有点儿血性，一定怒从心头起，恶向胆边生。立即动起手来，打个头破血流也不意外。中指，不用讲了。无名指呢？平时伸无名指的机会还真不多，主要是技术难度大。不信，你弯起四根手指，独伸无名指试试，根本伸不直。伸不直，表达情感时就显得不那么理直气壮。偶尔用一次，被指者也不会理解为友善。至于小拇指，个头小，距离大拇指最远，地位自然最低，伸向别人，意味不言自明。所以，除了大拇指，任何一个都具挑衅含义。

按理说，向人伸大拇指是最稳妥的了。可以理解为“你真棒”。但要看做手势者是什么表情，若一副厌恶的神态，撇着嘴，就可以理解为“好，你牛！我惹不起你，但早晚有一天我会收拾你的，走着瞧”。如果把大拇指竖起来，大头朝下，戳上几戳，就更不得了，意为“你啥也不是”“我瞧不起你”等等。

向人做手势，是一门学问，门道多多，说道多多。最安全的办法是，不要随便向人做手势。但换个场景，假如是一个牙牙学语的娃娃，把一根手指头伸向你，你有什么反应？无论那是大拇指，还是小拇指，抑或中指、食指、无名指，你或许都会坦然一笑，把他抱起来，亲一下。孩子嘛，可没那么多乱七八糟的想法。手指无罪，有罪的是人们的内心。对视的双方，互相已经有了敌意，明白对方是怎么想的，只是通过一根手指传达了出来。即使不伸手指，互相轻轻瞟上一眼，也能在瞬间演变成一场惊天动地的战争。还需要什么语言！他们的仇恨早已溢出了狭小的堤围……

穿梭

在本市某五星级酒店参加一场会议，与会人员个个西装革履，油头粉面，发言温文尔雅却又机锋迭出。会后，我们围坐在巨大的餐桌旁，小口吃着叫不出名字的稀奇古怪的菜品。主人还一个劲儿地劝："大家再多吃点儿啦，多吃点儿啦！"没有人响应他。所有的人都很矜持，筷子仿佛是千斤重担，很难伸出去。

出了门，就露馅儿了。有人挺胸叠肚走向自己的专车，服务生低头哈腰抢在他前面去开车门；有的迅速汇入街上的人潮，到公交站点等公共汽车去了；有的三五成群，在人行道上边走边大声讨论刚才的话题；还有的舍不得离开，坐在大厅的沙发上挑逗美丽的收银员。刚才还一水儿齐的一把筷子，解开捆绑的带子，哗啦一声，东倒西歪散落开来。

坐公交车去五星级酒店，好像有点儿分裂。但谁规定去五星级酒店必须开大奔呢？会议啦，聚会啦，请客啦，往往是把一些完全不搭调的人临时凑到一起。他们并不都在同一个生活层次上，心灵不平齐、工作不平齐、精神状态不平齐。只是在对话的这一特殊时段里，大家必须保持一致罢了。

我经常这样，一会儿正襟危坐，在油光可鉴的讲台前侃侃而谈，一会儿趿拉着拖鞋，大呼小叫地坐在路边排档前，跟几个朋友光着膀子喝啤酒。这种夹生的感觉需要渐渐习惯。微妙、生涩、陌生、熟悉、模糊、清晰……这也许就是所谓的"穿梭"吧。在社会丛林里，人们划出一个又一个阶层，看似等级森严，很难逾越。只有猴子能伸着一双长臂，从树上跳到树下，从地下跃上树尖儿，蹿蹦跳跃，游刃有余。什么阶层，什么大象或者蚂蚁，在猴子一上一下的穿梭中，都没了界限！

轻灵

曾经，我很矮很瘦弱，但我对自己的身体很有信心。或者说，我从没注意过身体问题。我那时候想的，就是如何超越颟顸，精益求精，学富五车，当一个思想家、作家、学者……总之不要成为俗人。

我老家是武术之乡，离沧州很近，村子里习武成风。我小时候也受了点儿影响，学会了鲤鱼打挺、扫堂腿等基本功。没什么特殊意义，就是看别人练，自己腿脚痒，也跟着练。

从小学一直到高中毕业，我很少认真走路，都是一路小跑。我喜欢跑，脚上像长了弹簧。

我唯一对自己不满的，就是太瘦。每每对着镜子自卑，什么时候能长胖一些呢？可能这一辈子也胖不起来了。

大学时，同学们比赛俯卧撑，有人问我能做多少个，我说，30多个吧。他们不信，我趴下去，唰唰唰做了40个。他们说，别看我这么瘦，还挺有电呢！我说，这很奇怪吗？大家不都是这样吗？

我认为这是人类本能，人人皆然。其实不是。体育课上，一个胖子吊在单杠上做引体向上，宛若吊着一块肉。他一个都做不上去。我以为他是装的，这有什么难的呢？很久很久以后，我的女儿盘在单杠上，让我也跟着做，我却只做了一个，再也吊不上去了。女儿笑话我笨的时候，我恍然大悟，我的敏捷一去不复返了。

如今，每天早晨，我越过自己的肚子，艰难地蹲下身提鞋；偶尔，扛一袋大米到二楼，气喘吁吁，浑身冒虚汗；晚上，倒在床上筋疲力尽。我就不由自主地跟妻子说："原先我不是这样的。我的骨头里都长着筋呢！"

妻子说："你还以为自己是小伙儿吗？你是中年男人了！"

我明白，中年和青年之间有差距。但差距体现在什么地方呢？从没想过。更没意识到身体上的差距。我潜意识里总以为自己永远活力四射！

从没想过，胳膊会发酸。

从没想过，双腿会沉重。

从没想过，胸口会憋闷。

从没想过，脑子会经常昏昏沉沉。

小时候，总盼着得病，好从大人那里骗点儿好吃的东西。现在这个梦想实现了，好吃的东西却需要自己花钱去买。

唯一值得欣慰的是，自己远离了颟顸，摆脱了洁白，有了一些自己的想法。我的想法越来越轻灵，精神越来越明快，但肉体越来越笨重，虚胖，大腹便便，小病不断。原以为身体和头脑是同步向前的，谁料它们早已分道扬镳，背道而驰。

学富五车又怎么样呢？那种敏锐，那种洒脱，那种刚硬，都悄悄不见了。如果，我说如果，让我重新来过的话，我是否会有点儿后悔？自然，我连这样的机会都没有，想想而已。

我蠢哈哈地躺在床上，要给女儿表演鲤鱼打挺，把她笑得前仰后合，但我还是失败了。

我希望通过锻炼把它们找回来，我长跑，我散步，我做操，但效果如何，心里没底。我开始对身体不自信了。

一个中年人，尴尬地打量自己。越打量，越心虚……

那些忧伤的青春

“*突然忘了挥别的手，含着笑的两行泪，像一个绝望的孩子，独自站*

在悬崖边……”偶尔听到这首《用我一辈子去忘记》，我再次想起了他。

是的，我要说说郑智化。

20世纪90年代初，多少个夜晚，我躺在校园宿舍的上铺，戴上耳机，把微型录音机的声音调到最大，翻来覆去地听郑智化的几本磁带。我有这样一个想法，我们这些人听郑智化的歌，不是欣赏。郑智化的歌无法用来欣赏，之所以打动别人，是因为他的歌切合了他们的生活状态，即，落魄、努力、失落、挣扎、惶惑、自信和自卑。

1991年和1992年之间，郑智化的《水手》曾经传唱一时，那大概是他唯一一首妇孺皆知的作品。而流传对歌曲本身没什么好处，反而形成巨大的消解，让你无法抵达作者创作时的情境。它被音箱们像和尚念经般有口无心地唱着，然后就抛弃了。“*寻寻觅觅寻不到，活着的证据；都市的柏油路太硬，踩不出足迹……*”这是多么私密，多么无助的一种孤独，当几个染着黄头发的女孩子，在卡拉ok间里，嘻嘻哈哈地搂在一起共同唱起《水手》的时候，这首歌其实已经死掉了。

郑智化和罗大佑有相似之处。若说罗大佑更关注社会现象，那么郑智化所代表的后罗大佑时代，更多是在打量自己的内心。他们共同的地方在于迷茫。但罗大佑是含蓄的：“*在人潮汹涌的十字路口，每个人在痴痴地等，每个人的眼睛都望着，那象征命运的红绿灯，在红橙黄绿的世界里，你这未来的主人翁……*”郑智化的表达则直白得多，他说：“*如今的我，生活就像在演戏，说着言不由衷的话，戴着伪善的面具；总是拿着微不足道的成就来骗自己，总是莫名其妙感到一阵的空虚，总是靠一点酒精的麻醉才能够睡去……*”《沉默的羔羊》中唱道：“*在当别人误解我的时候，我总是沉默，沉默对我来说其实是一种反驳；当世界遗忘我的时候，我一个人过，幸福对我来说其实是一种传说；当敌人越来越多，朋友都离开我，当爱情变成一种负担却无法解脱……*”这种不适应和疏离，在《落泪的戏子》中表现得尤其淋漓尽致：“*掌声渐渐响起，幕已渐渐拉起，又要开始另一出戏；总是身不由己，从来没人在意，为了生活要卖力地演*

出……戏子呀戏子，没有自己的名字，纵然演过千般角色都是别人的故事；戏子呀戏子，忘了自己的名字，戏子呀戏子，落泪的戏子……”他在持续不断的诉说中，满含着被认同的焦虑。你说他害怕这个世界？不，他又是那么渴望被理解，渴望融入。

这大概是当时的年轻人一种普遍的心态。起码我和我周围的一些朋友是这样的。如今我已不再年轻，真的不知道今天的年轻人在想什么，他们还有这样的焦虑和困惑吗？

郑智化以忧伤的方式，传达着他的心境。他与齐秦不同。你可以想象，他是在瓢泼大雨中打着伞，没有方向地乱走；齐秦是在蒙蒙细雨中漫步的那种凄美的忧伤，郑智化是浑身湿透的落魄的忧伤。这样的忧伤很容易转化为对草根阶层的同情、怜悯，对社会的不满、批判。《老幺的故事》描述了一个矿工儿子的回眸一瞥：“在物质文明的现代战场，我得到了一切却失去自己，再多的梦也填不满空虚，真情像煤渣化成了灰烬，家乡的人被矿坑淹没，失去了生命，都市的人被欲望淹没，却失去了灵魂……”这与罗大佑《鹿港小镇》中唱的“*台北不是我的家，我的家乡没有霓虹灯*，鹿港的清晨，鹿港的黄昏，*徘徊在文明里的人们……*”何其相似。《堕落天使》则描述了一个卖笑女子的生活：“*你那张略带着一点点颓废的脸孔，轻薄的嘴唇含着一千个谎言，风一吹看见你瘦啊瘦长的鸟仔脚，高高的高跟鞋踩着颠簸的脚步；浓妆艳抹要去哪里，你那苍白的眼眸，不经意回头却茫然的竟是熟悉的霓虹灯。在呜咽的巷道寻也寻不回你初次的泪水，就把灵魂装入空虚的口袋，走向另一个陌生……*”此外，还有《阿飞和他的那个女人》《日月人的目屎》等都是难得的表现平民生活的叙事歌曲。无论关注内心忧伤或者身外世界，他都直白得可爱，甚至显得稚嫩。

而他的拥趸，注定要渐渐长大，脱离青涩的青春年少。什么是长大呢？就是适应、妥协、和谐、装腔作势。很长时间内，不要说郑智化，我连自己是谁都说不清楚。我忙于生计，忙于躲避明枪暗箭，忙于构筑自己温暖的小巢，没有时间去听包括郑智化在内的一切音乐。偶尔听到街边理发店的音箱里荡出郑智化的歌曲，有点儿恍如隔世。我想，这大概就是传说中无病呻吟的小情调吧。我不再怀揣梦想，也不再迷茫，每天坚定地按部就班地走着自己的路，扬扬自得。

也就是今天晚上，我把郑智化的所有歌曲重新听了一遍，心里竟暗自动了那么一下，眼泪差点儿掉下来。忽然感觉他根本没有离开我，只是隐藏在我身体的某一个部位里，一经引发，便悄然地走出来。我抚摸着当初的忧伤，仿佛明白了，我的青春其实就是我的一生。

凄惨

二人转里有一出戏，名为《胡知县断案》，讲的是老太太梅张氏到县衙状告儿子梅新甘（没心肝）不养活自己。儿子说，老娘养了他20年，他也养了老娘20年，两清了。胡知县说，儿子还欠老娘十月怀胎的一块肉，要从他身上割下来，赔给老娘。梅新甘是个滚刀肉，竟真的伸出胳膊让胡知县割，胡知县不同意。梅新甘又让对方割屁股上的肉，胡知县还是不同意。两人争来争去，胡知县决定割他的脑袋。随后把他拉到法场，追魂炮响，人头落地。在这里，老太太有两段大悲调，如泣如诉，让人听了忍不住潸然泪下。一是当她听说胡知县要割儿子的脑袋，唱道：“*原以为求老爷做主我能回家转，没想到他要把我儿子的脑袋剜。这账不能这么算，古来这账一头偏，娘欠儿的再多也愿意给，儿欠娘的再多也不用他还。从今后我再也不告状，从今后我再也不喊冤。从此要饭远点走，遇到熟人不搭言，走村串巷我当游览，残羹剩饭味道鲜，求老爷你快将我儿放——儿，你快走啊——*”再是听到追魂炮响以后的一段唱：“*昏沉沉往起站，睁开泪眼，模糊糊看不清，地转天旋。儿在时，我曾怨儿不孝；儿惨死，如同*

摘去娘心肝。这真是怨儿的心比不上疼儿的意，到现在我还有啥心思活在人世间——”梅张氏捶胸顿足，要跟胡知县拼命。而事实上，梅新甘只是被拉去陪斩，并没被杀。衙役把他拉回来，让他站在旁边看母亲哭天抢地的一幕。梅新甘被深深打动，母子抱头痛哭。故事圆满结局。

小时候看过很多类似的戏，既有人情味，又有教育意义，我相信，谁也不会觉得它们有问题。然而，就在前几年，电视里播出了一则新闻，吉林省辽源市一个老太太到法院告儿子，要求他支付九个月的怀孕钱。兄弟姐妹七个人因为赡养老人发生了纠纷，老太太也被卷入其中。总之，这件事有着非常复杂的背景，非一两句话可以说清。我关心的是当事人的反应。记者采访时，被告的儿子显得很气愤：“我能不恨她吗？全国这么多母亲，多少个亿啊，哪个母亲跟儿子要那个了？跟儿子要九个月怀孕钱，你说我们还有母子感情吗？”我相信，这个儿子的质问一定让不少人产生同情，就是笔者听了，也觉骇人听闻。不过，据老太太说，这只是她当时的一句气话，其实她根本不想要这笔钱。但无疑，这个要求更加破坏了母子之间的感情。

戏里提到生养之义，人一下子就软下来，而现实生活中真要提起，只能割裂亲情；在戏里，道理截然明晰，只要不是傻子，立刻就能分清真理握在谁的手上，而在现实生活中，公说公有理，婆说婆有理，即使再聪明的人也要被搞糊涂了；在戏里，主人公多有品质上的好坏之分，主人公由坏变好，故事便圆满结局，而现实生活中，情形显然没这么简单，谁是好人，谁是坏人？好人有多好，坏人有多坏？

但戏本和现实生活却有一个共同点，那就是：凄惨，或者说凄凉。这事发生在谁身上，谁都免不了受伤。而戏本里的凄惨是暂时的，结尾部分一般都是皆大欢喜，主人公们一起高高兴兴回家过年了；现实生活中，则几乎没有这种可能，无论当事人的哪一方，都不会再恢复到轻松的起始状态。所以，戏，还是比现实生活好一些，人们更愿意用戏本来麻醉一下绷紧的神经。

蛇的宿命

表弟从老家来，告诉我，他看到一条大蛇，有一丈多长。当时表弟正在整理老屋，找了好多人来帮忙。墙根底下有一堆木头，放了10多年，几乎都腐烂了，但一直没动。人们清理木头的时候，这条蛇钻了出来，色彩斑斓，三角脑袋，爬行速度很快。三角脑袋的蛇通常被认为是有毒的，但在家乡，几乎没人认为会有毒蛇出现。起码据我所知，从没听说谁被蛇咬伤过。围观的人想打死那条蛇，表弟制止了他们，用一根木棍把蛇挑了出去。表弟说，他13岁时，在院子里见到过这条蛇，那时蛇才一尺多长。十多年过去了，蛇出落成庞然大物，再次见面，似有老友重逢的惊喜。蛇平时躲在犄角旮旯里，昼伏夜出。除非意外，一般很难见到，虽然人们知道，几乎家家都会有蛇——所谓家蛇是也。

在家乡，遇到蛇，一般有两种处置方式，一是打死，一是挑出去。有位老爷爷，院子里爬满了葡萄藤，每到夏天郁郁葱葱，遮天蔽日，仿佛世外桃源。这个世外桃源为小生灵们构筑了极佳的生活环境，螳螂、麻雀、蝉、蛇，应有尽有，你来我往。我经常见他手里拎一条蛇送到村后的河堤上去。河堤上种着各种各样的树木，长着没膝盖的野草，蛇可以在那里生活得很好。但第二天它又爬回来了，也许老爷爷家更适合它。它就像个顽皮的孩子一样。而老爷爷也乐此不疲，看见它，就把它送出去，看不见，你在院子里愿意怎样就怎样。他从不恶声对它。

小孩子则没这么耐心，发现了蛇，第一反应就是打死它。《三字经》里说“性本善”，我有点儿怀疑。善是后天培育出的立世手段。蛇走自己的路，没招谁没惹谁，而孩子们却非打死它不可。我的记忆中长存着这样的画面：一群儿童，围着一条蛇，兴奋地尖叫着，蹦跳着，把坷垃、石块、木板等扔到它身上。蛇惊慌失措，或者蜷缩成一团，一动不动，或者突然昂起头，向我们吐芯子。每当这时，一帮小孩就赶紧揉自己的头发，把头发揉得乱七八糟。据说，蛇吐芯子是在数人的头发，它数完谁的头发，谁就会死掉。而最后，当然是蛇还没数完我们的头发，它就先一命呜呼了。

成年以后，对蛇的敬畏或包容显然增强了。谁家孩子有了病，总是治不好，就会找当地“有法力”的老人看一下。这种情况，很难用迷信两个字一言蔽之，因为那些老人有时说得很准。比如，你什么时候打死过一条蛇，那条蛇是什么样子等等。当事人一回忆，往往确有其事。我表弟不敢打蛇，还有一层原因。大概是2001年，姑姑家里老鼠横行，偷吃了很多粮食。姑姑就在粮仓旁下了些老鼠药。第二天，一条蛇横躺在门口，似已死去多时，把姑姑吓了一跳。这条蛇可能是吃了老鼠药，也可能是吃了被毒死的老鼠才遭此横祸，总之，这是一场意外事故。过了一周，表妹不小心被滚水烫了脖子，伤情严重。姑姑觉得这一定跟横死的蛇有关，一家人诚惶诚恐，对蛇更加尊崇了。这让我想到那些有法力的老人。即使是迷信吧，他们的“指示”和提醒，客观上对保护蛇类，维护生态平衡，还是起了作用的。他们以特殊的方式强化了人类的敬畏心。

有一段时间，报纸上说某小区经常有蛇出现，业主人心惶惶，消防人员数次到场“处理危机”。专家则口若悬河地称，这证明环境改善了，我们应该为此高兴云云。后来“案件告破”。原来，那是饭店里准备宰杀的几条蛇，因为看护疏忽，蛇们集体越狱。谜底揭晓后，我有点儿哭笑不得。蛇是土地的产物，它只与菜地、树木、角落以及光阴有关。而人和蛇之间，也有一种神秘的东西连接着。恐惧归恐惧，彼此之间完全可以和谐相处。而现在，人与蛇，只剩食客与菜肴的关系，恐惧也成了单纯的恐惧，再无精神上的关联。

人的蜕化，蛇的宿命，使他们终于渐行渐远了。

羊善被人骑

我小时候去邻村走亲戚，亲戚家的表哥牵过一头小毛驴来。小毛驴个头不高，但很健壮。表哥一抬腿，轻灵地骑到它的背上，拍拍它的屁股说：“走。”毛驴迈开小碎步，“嗒嗒嗒嗒”围着院子绕圈。绕了一圈又一圈，盛夏的阳光越来越晒，坐在驴背上的人都冒汗了，小毛驴更是气喘吁吁。但表哥没有要停的意思，过了好半天，表哥才跳下来说：“该你了！”

我也爬上驴背，坐稳。毛驴似乎不愿再走了，低着头原地打转。表哥拍一下它的屁股说：“走！”然后又蹦起来踢了它一脚。小毛驴这才硬着头皮走起来。它先是围着院子绕小圈儿，两圈之后开始绕大圈子，身子几乎要贴到院墙上了。我当时只穿着短裤，骑在它的背上，无处可躲，光着大腿用力蹭到墙上，疼得我差点儿哭出声。开始我以为它是不小心，后来才悟到它是故意的。它把我的大腿挤到墙上去，蹭出了一道道血檩子。我赶紧跳下来，再也不敢骑它了。

毛驴似乎心满意足，踱到阴凉地里去吃青草。

当年，我叔叔出差去内蒙古，在草原深处住了好几个月。房东家里有一只超级大山羊，个头赛小毛驴，孩子大人没事的时候都骑着它玩。但是，我叔叔不能骑它，只要骑上去，它就非常暴躁，使劲晃动背部，似乎想把叔叔颠下来。而叔叔偏偏非常喜欢骑它，就算明知会惹它生气。

一天傍晚，叔叔又把羊牵出来，骑到它的背上，攥住它的犄角，任它在草原上瞎跑。奇怪的是，大羊非常乖巧，稳稳当当地迈着步，向蒙古包后面的小山包跑去。那个小山包其实并不低。大山羊低头弓背，费了好大劲儿才爬到顶上。一路上，叔叔很奇怪，它为什么不在平整的草地上散步，偏要迎难而上。当他明白过来的时候，已经晚了。山羊一偏身，骨碌一下倒在地上，连人带羊，一起从山顶上滚了下来。叔叔回想起来就后怕，幸亏当时穿的衣服多，否则非得让羊角扎成血葫芦。就是这样，他连磕带碰的，也闹了个鼻青脸肿。

驴让人骑，山羊也让人骑。但不是人人可骑。

不该骑的你别骑。

我恨过一位老师

我曾经恨过一位老师，非常非常恨。

其实，我从小学到大学一直是个边缘学生，跟授业师们渊源不深。大概自以为会诌几首小诗，我有点儿孤傲，不太合群，而各位老师尤其是我青春反叛的对象。碰上这样的学生，算他们倒霉。除了刘朝晖（初中）、沙建文（高中）等少数几个语文老师以外，其他老师都对我敬而远之。即使这样，还是有一位老师惹上了我。

她是我初二时的班主任，当时40多岁，姓于，我们背后称她为于老太太。

青春期的骚动。我瞄上了一位女生。那种典型的单相思性质的骚动。

为了“配合”这种骚动，我跟几个好朋友开始“学坏”。我们逃课，到操场后面的破房子里打扑克，一打就是一整天；晚上不睡觉，几个人一起到镇政府办公室去看电视，深夜爬墙回校，把衣服都蹭坏了。我还学会了抽烟。于老太太四处找我们，让我们回校上课。我们跟她捉迷藏，远远看见她，立刻逃得无影无踪。她哪里追得上我们？

实际上我的内心深处一直很煎熬，我也知道这样对不起父母，对不起老师，尤其对不起自己。我在报刊上发表过几篇文章，是学校里的名人。我的“堕落”让很多老师大跌眼镜。可唯有这样，我才感觉激荡的心稍微平复一些。这就像饮鸩止渴，越堕落越自责，越自责越堕落，难以自拔。

有那不怎么善良的老师偶尔看见我，拿小话敲打我：“打扑克刚回来？”

终于有一天，于老太太捉住了我。她的家离我们教室很近。她把我叫到她家里，再三问我为什么逃课。她不明白我为什么要这样，看得出，她是真的不明白，她似乎已经独自猜测过多种原因。她推心置腹地问我：“我只想知道，你忽然变成这个样子，到底是为什么？”她循循善诱的语言，和蔼可亲的面容，刹那间让我产生了倾诉的冲动，我啰啰唆唆讲了很多。为了表达诚意，我还把兜里的半盒烟以及一封始终没送出去的情书拿给她看。

她愣住了。她目瞪口呆的神情我至今难忘。她诺诺地说：“你们这些小孩伢子，才多大啊，怎么会这样？”

我承诺从此改邪归正，并要求她为我保密。她答应了。

于老太太除了当我们的班主任，还给其他班级上语文课。第二天，其他班的同学告诉我，于老太太在课堂上讲了我给别人写情书的事。

你可以想象到我的愤怒吗？我是那么信任她！

这样小的学校，听风就是雨，我这点儿事成了老师和同学们的谈资。我抬不起头来，走到哪里都被人指指点点。

我恨她。从那时一直到我上高中，读大学，到我参加工作，甚至到前几年，我都没有释怀。一想起她来就牙根痒痒。

可是，今天我一点儿也不恨她了。

随着时间的推移，我为人兄，为人夫，为人父，为人上司和下属，负起越来越多的责任，越来越感觉自己对不起于老师。

在我逃课的时候，她凭什么要四处去找我？还不是一种本能的责任心？

像当年她猜测我一样，我也猜测她——她为什么要那样做。答案是，她心里的盆子盛不下这样多的困惑与不解，我那种惊世骇俗的行为让她傻眼了。把她听到的东西在大庭广众之下讲出来，有助于排解她心中的郁闷。老师也是人，不是垃圾桶，无法承受这么多学生的垃圾事件、垃圾情绪。回想自己那时的顽劣，如果我是老师，我该怎么样？也许，我早控制不住自己，大嘴巴扇过去了。而她没有揍我，没有把矛盾激化，已属难得。她是伤害了我的自尊，但我伤她的心在先。

于老师今年该60多岁了吧？已经成了名副其实的老太太，可我不敢称呼她为于老太太了。

这些年，我唯一学会的就是敬畏。

我想对于老师说，对不起，真的对不起，当年的我实在欠扁。

少年

他们坐在灯光下，喝茶，吸烟，谈笑风生。这是村子里最亮的电灯，有点儿刺眼。这是村子里最热闹的地方，无论寒暑，人来人往，笑闹声把兰陵大爷家的屋子撑得满满的。

我在门外，听见有人说“大牛和老五撕吧起来了”，我的脑袋嗡了一下。“昨晚上打麻将的时候，大牛嫌老五出牌慢。”

我走进去。说话的人是小凯，他是我没出五服的堂哥，应该管我父亲叫叔，可是，他竟然直呼“老五”！小凯看见我，有点儿尴尬，小声接着说：“大牛这家伙不是东西，输了钱就赖别人。五叔老实，不跟他一般见识。”

我血往上涌。我的父亲，一个农民，但在我十六岁的心灵里神圣不可侵犯。父亲是我全部的自尊。大牛那时二十二三岁，像个毛驴子一样，粗壮，愣。我知道自己根本打不过他。我走到院子里，从墙角捡起半块砖头，边缘很尖锐，使劲摁了摁，手掌唰啦一下，刺痛。

我把砖头揣在裤兜里，沉甸甸的。我站在外间屋，听他们继续闲聊。为防止别人发现，我尽量往黑影里躲。其实，我不躲也没人注意我，我太矮小了，完全可以忽略不计，没人知道我的内心里已经膨胀起惊涛骇浪般的仇恨。

20分钟后，大牛来了，他进屋前甚至还冲我笑了笑。擦肩而过的刹那，我手中的砖头猛地挥向他的头顶——这是我想象的，实际上，我还没醒过神儿来，他已经进到屋里，坐到人群中一个塑料凳子上了。

怎么办？我走进去直接把砖头拍到他脑袋上？他哪能傻乎乎等我走到他跟前？况且，别人也会拉住我的。尤其糟糕的是，若不能一击致命，他比我高一头，反过来给我一砖头，肯定得把我拍死。

我懂法：自己还不到18岁，杀人也判不了死刑。至于其他后果，我想都没想。一篇小说里讲，很多嚣张多年的流氓头子，往往栽到还没出道的生瓜蛋子手上。是的，16岁，他的尊严胜过一切，不计成本——大牛是怎么跟我父亲撕扯起来的？撕扯到什么程度？当时的细节如何？我的父亲让一个小他20多岁的人甩来甩去？父亲回家为什么没说这事？一想起来，我就浑身战栗，我激烈的思想斗争逐渐缩小为：如何一砖头砸碎大牛的脑袋。

我脸上已经冒汗了。大牛他们啰啰唆唆地争论着什么，似乎在谈昨天麻将桌上的得失。没人提他和我父亲的争执。是刻意回避，还是忘记了？我脑子飞速旋转，动手是早晚的事。如果砸死大牛，或者把他砸成残废，我肯定要入狱的，大概能判几年？弟弟会去给我送饭吧？大牛的哥哥会不会继续找我家的麻烦？以后在村子里，没人敢再欺负我父亲了吧？这些想法纠结在一起，乱七八糟。不想了，砸了他再说！

我脚跟动了动，父亲进来了。几个年轻人站起来给他让凳子，乱乱哄哄的，而在我看来，时空仿佛静止了，静止的空气里，小凯说："五叔来了？"大牛递过一杯茶。父亲接过来喝了一口，嘿嘿笑着，转身跟兰陵大爷说话，好像什么也没发生，他们都好像什么也没发生。

我委屈极了。走到院子里把砖头扔掉，沉默了好长时间，流下两行泪……

我的清凉江

每次回老家，我都要到村边的河岸上走走。那里曾踩满我童年的足印。今年春节，奶奶九十大寿，妻女跟我一起回乡，我特意抽空带女儿去了河边。

我记忆里，河岸离村子有很长一段距离，但我们走了几分钟就到了。或许是村子变大了吧？抑或是我的脚步变大了，于是河岸变近了。在村边，我看到一座新坟，上面压着一块很大的四四方方的土块儿。冷风吹过，尘土乱飞，几根凄惶的草摇摇摆摆。死去的那个人，我一定认识。我从十多岁就离开村庄，已经20多年了，读书、就业、落户都在外面，童年时的记忆却越来越清晰起来。坟里的老人，当年应该正当壮年。

女儿问："这是什么呀？"我说："坟头。"女儿哈哈笑着说："爸爸你骗我，这明明是派大星的房子。"

派大星是动画片《海绵宝宝》里的主人公。我想到的是生生世世，她想到的是动画片，差别多大啊。

村庄名为王过庄，小河名叫清凉江。我到了十岁才知道小河的名字。在我潜意识里，"江"应该是很浩瀚的大水，比如长江、松花江等。这条小河也大大咧咧地称为"江"，太可笑了。倒不是我小瞧它，在我四五岁的时候，就开始天天与其嬉戏，天长日久，实在高看不起来。每到夏天，一群野孩子奔跑在毒热的阳光下，翻蹄亮掌地冲向小河，一头扎进去。灌了几次水之后，我学会了狗刨、扎猛子和"浮燕巴虎"。所谓"浮燕巴虎”，就是仰泳。“燕巴虎”乃“蝙蝠”的俗称，仰泳的姿势很像蝙蝠打开翅膀的样子，故以此命名。由于经常有孩子淹死在河中，大人们不允许我们下水。但他们怎么阻挡得了呢？大人们有很多事要做，为了全家糊口，他们必须日日劳作，没多余时间呵护我们。母亲想了个办法，把灶灰画到我们屁股上，回家一看，灶灰没了，一定是去河里洗澡了，暴打一顿，以示惩戒。几次之后，我和弟弟想出了对策：每次从河里回来，互相在对方屁股上画上灰道。母亲拉开我们的裤衩一看，灰道还在。但有时也出差错，比如，母亲给我们左屁股上画了灶灰，我们自己却画到了右屁股上。事情败露，就会受到加倍的惩罚。我们吸取了教训，下次不但记准灰道的具体位置，而且尽量画得像些。

幼时的智慧教育，就这样被动地完成了。

一座石桥横跨两岸。我们所说的河边，一般指桥旁的河岸。石桥上有很多洞。不少小孩子都喜欢翻越栏杆，钻进洞里去玩。这是个非常危险的动作。远远看去，他们双手扒住石栏，吊在半空，双脚探往洞边仅宽几厘米的凸出物，小心翼翼踩住，屈身，大腿和肚子先进洞，然后猛地后仰，脑袋顺势从外面甩进来。这一连串动作要一气呵成，有一点儿闪失就会掉进河中。我也钻过一回桥洞，里面除了稍微凉爽些，实在没什么好玩的。也许就为追求进洞时那一点儿刺激的感觉吧？钻洞的孩子都是自学成才，没谁专门学习过，如果开一门“爬洞”课程，也不见得全部及格。奇怪的是，那时天天都有孩子钻桥洞，却没有一个掉下去过。

我有个绕了很多弯儿的亲戚，倒是主动从桥上跳下来过。在一个非常寒冷的深秋，村子里的人三三两两地走出门，去临近的西辛店赶集。老爷子夹杂在人流中，忽然纵身跃入河中。人们立刻拥到河边，跑着，喊着，到处都是晃动的人影，场面相当壮观。年轻人像下锅的饺子，一个个扑通扑通奋不顾身地跳下河，然后抬着老爷子从水中走出来。老爷子冻得直哆嗦，嘴唇青紫，紧闭双眼。我和老爷子的孙子同岁，还是同学。老爷子经常在街心摆一个糖果摊。后来，我从他那里买糖果时，总是奇怪这么一个温和的老头儿，怎么有那么大勇气跳进河里去。据说那天他跟子女闹矛盾了，但谁家没有点儿矛盾呢？被救上来后，老爷子依然温吞吞地推着手推车去街上摆摊，像什么都没发生一样，也没人问他，而清凉江的水面也恢复了平静。

说起来很不好意思，我也掉进河里一回。冬天时，河面封冻了。我和建华、金钟、丙行等小伙伴从冰面上滑过去，到对岸的蒋村玩。回来的时候，我走在最前面，一面走一面蹦，大概想试试冰面有多结实。“咔吧”一声，冰面断裂。我脑袋嗡的一下子，清醒过来后，半截身子已经陷进冰窟中。小伙伴们七手八脚把我拽上来，棉鞋、棉裤都湿透了，双腿像针扎一样疼痛。在今天，谁家孩子掉进冰窟，父母一定要吓死，那时却是把落水者自己吓死了，弄湿了棉裤，回家非挨揍不可。建华和金钟他们给我出主意，说让风吹一吹，棉裤就干了。我跟他们来到大堤上，迎着凛冽的寒风又蹦又跳，希望早点儿吹干。一直到天黑，棉裤没干，我却差点儿冻昏过去。没办法，我只好躲到奶奶家。奶奶把我的棉裤脱下来，拿到炉子边烘烤，又让我坐到炕头上，给我盖上厚厚的棉被。过了好半天，我才缓过劲儿来。后来老爹知道了，并没怪罪我。看得出来，他有点儿心疼，虽然乡下人情感粗疏，但谁的孩子谁不心疼呢？

夏末秋初时，河水回落，大人小孩都到河里去“叉鱼”。这是一种很原始的捕鱼方法，什么工具都不用带。发现有鱼的迹象，一伙人立刻坐在水中，腿腿相连，围成一圈。各自摸身下的泥地。他们坐下以后，河水正好到他们脖子那儿，不深不浅，年年如此。“叉鱼”的要领只有一个：围圈要快。一般情况下，总会有所收获。这可以说明两个问题：其一，鱼们是贴着河底行进的，如果游在半空，早就从人们的腋下逃走了；其二，那时鱼真多，随便“叉”一下，就能捕到鱼。这其中也发生过不少插曲。有人摸到滑溜溜的鳝鱼，以为是蛇，惊呼一声，把鱼甩到岸上。等人们发现那是鳝鱼时，摸鱼人已吓得脸色煞白。还有的不小心摁到嘎牙鱼上，疼得哇哇大叫。嘎牙鱼头顶有几根硬刺，把摸鱼人的手都刺破了。更惨的则是围圈时一屁股坐到嘎牙鱼上，登时蹦起来，此后连续几天都得撅着腚走路。

我常常感到奇怪，这么大一条河，鱼儿们一会儿游到东，一会儿游到西，一会儿游到南，一会儿游到北，没个准地方，摸鱼人是怎么发现鱼的呢？据说，水平高的人，可以根据水泡大小和形状判断出鱼的行踪。而水里随时都有大大小小的气泡，转瞬即逝，他们居然一下子辨别出气泡大小和形状！小学同学李六就有这本事。一天雨后，我们在河边溜达，他指着一个浑浊的小水坑说，这里有鱼，伸手一摸，果然是条两寸长的鲫鱼。李六当时的表情，若以今天常用的一个字来形容，那就是“酷”，非常“酷”！

清凉江中基本以鲢鱼、鲫鱼、鲤鱼为主，很少有其他鱼种。不过，有一次我意外地捉住一只乌龟。那是个夏日，我在岸边玩水，忽然发现对岸有一个亮晶晶的东西。我问身边的小伙伴：“那是什么东西？”他仔细瞅了半天说，什么都没有！

那里明显有个很亮的东西嘛！怎么会没有？

于是，我啪啪地跑到对岸，看到一个小水坑，一只火柴盒大小的乌龟正趴在里面。亮光是它的壳反射出来的。我把小乌龟捞出来，幸福地捧在手里，光着脚一路跑回家。我找了个玻璃瓶子，把乌龟放了进去。那可是我平生第一只宠物啊！我喜欢得不得了，却不知道怎么侍弄它。我没有喂它东西吃，没有给它换水，就那么傻乎乎地摆在窗台上。几天后，小乌龟仰壳了。我伤心地把它捞出来，扔进猪圈，老母猪一见，哼着小调，迈着小碎步跑过来，吭哧几口，就吃个一干二净。

小乌龟的丧命，让我产生了一种莫名的情绪。那种情绪似乎跟我年龄不符。后来回忆总结，那种情绪其实就是“伤感”。还有一次，秋天，我们马上开学升五年级了。一天下午，我独自坐在大堤上想心事。无意间抬头打量四周，看见庄稼都熟了，亮汪汪地绿着，空气里弥漫着甜甜的味道。有人牵着马在耕地，有人在岸上走路。我内心忽然溢出一股说不出来的欣悦，不由自主下河狗刨了两圈。当时天气已经凉了，远处有人奇怪地看我，或许以为我神经不正常吧？他们哪里知道，我已被自然之美、秋天之美点燃了幼小的心灵。

可以说，清凉江见证了我的成长，听到过我身体里面咔吧咔吧的拔节声。

在我的印象里，清凉江每年夏天都发一次大水，水涌来的时候，如万兽奔腾，一波接着一波。小孩子们纷纷到河堤上看稀罕，尖叫着，蹦跳着。河水里面漂浮着椽子、整根的木头、西瓜，甚至还有死去的鸡鸭牛羊。还有人自称看到过几丈长的大鱼。家长们在发水的时候总是提心吊胆，生怕我们不小心掉进滚滚激流中。我们站在远处，可以清晰地看到堤坝渐渐变窄，河水渐渐变粗。现在回忆，那才叫河，那才叫水，那才叫浩瀚。

不知道从什么时候开始，河水越变越窄，直至彻底干枯，河床里种上了庄稼和树木。我每次回家都问，河里有水吗？答案则千篇一律：没水，哪来的水！

我有时甚至怀疑，小时候曾经流连忘返的河流，曾经为之哀哭的清凉江，真的有过很多水吗？变化太快了。

有些变化似乎还是令人欣慰的。穷困潦倒的岁月，像一个梦那样消失无踪，人们比以前富有了、开放了。这次回家，我发现很多小伙伴都变成了大老板，开着自己的轿车，把成箱成箱的烟酒搬回家中。一问，他们平时不在家，而是在北京、天津、石家庄、太原等大城市里混。只有逢年过节时，他们才携妻带子，大包小裹地衣锦还乡。村庄的破败掩不住他们富贵逼人的气势。

也就是这时，我惊奇地发现，清凉江窄窄的河床里，出现一条浑黄浑黄的冰冻带。

我问弟弟这是怎么回事。弟弟说，最近几年，上游需要给天津输水，途经清凉江，于是清凉江里有了水。

我一颗奔腾的心又凉了，清凉江像我的村庄一样，没有自己的源头和支撑点，只能为他人作嫁，他们的成长基础是那么脆弱，依靠着同样脆弱的庞大的建筑物等待明天。

温柔的抚摸

小男孩六岁时就开始学钢琴。六岁的小男孩学钢琴要比同龄人付出更多的汗水和泪水。但小男孩很认真地练着，他知道妈妈就坐在他的旁边，妈妈一定在慈祥地注视着自己。每天上午，妈妈都带小男孩到文化宫来练习弹奏，那种弹奏是单调的，所以在弹到高潮的时候，妈妈常常用手轻轻碰碰他的头，妈妈那温暖的气息就随着这温柔的触摸漾遍他的全身，让他振作起所有的精神。中午的时候，妈妈再牵着小男孩的手回家。在路上，一边走，妈妈一边告诉小男孩，小心点儿，你的左边有一口下水井，别踩到里面去。小男孩看不见路，他一出生就双目失明了。

16岁时，这个男孩弹奏钢琴的技术已经在同龄人中脱颖而出，并且有了第一次登台演出的机会。主持人给他描述现场的情况："今天到场的有很多国家领导人，都在第一排就座，他们可以看清楚你的一举一动。会场上共有5000多名观众，都是社会名流，其中还有一些是音乐界的权威……"主持人说这话时没有注意到小男孩的手在微微发抖，脸上沁出了细密的汗水。

正在现场采访的香港凤凰卫视的记者吴小莉发现了这一细节，她上前握住男孩的手问："你怎么了？"小男孩说："我，我的心里真是好紧张啊……"吴小莉想了想告诉他："孩子，你妈妈今天来了吗？""是的，不过她现在在台下的观众席上。""好孩子，你一定要记住，今天最重要的观众只有一个人，那就是你的妈妈。也可以说，你今天只是在为你的妈妈演出！”小男孩点点头，从容地上场了。

行云流水般的琴声在男孩手下汩汩淌出，时而高亢，时而缠绵，时而又如小鹿般欢快跳跃。长达八分钟的弹奏强烈地震撼了每个观众的心灵。那是一次非常成功的演出，当男孩起身向观众致谢的时候，全场掌声雷动。

节目结束时吴小莉现场采访了一位观众，让他谈谈自己的感受，观众很激动地告诉她：“那个小男孩弹得太棒了，我闭眼听着他的琴音，就好像妈妈的手在抚摸我的头。”

没什么大不了

我们几个人坐在路边的树荫下喝酒、吃菜、看风景。凉风习习。

“嘎吱”一声尖叫，一辆出租车从天而降，猛然停在离我们不远的地方。司机下车，有50多岁，秃顶，稍瘦，他把手搭在车门上，怒目看着后边。刚才与他擦肩而过的那辆出租车绕回来，停住，也下来一人，粗壮，20多岁。两人互相指着，听不清他们说些啥。几分钟后，年轻的司机作势要走，老司机拉住他，嘴里喷着唾沫，手指头差点儿点到对方的鼻子上。

年轻司机停顿了一会儿，坐回车上，老司机站在旁边，指手画脚说个不停。我们说，这老家伙真烦人，有事说事，怎么这么没完没了。忽然，年轻司机发动了车，唰地开了出去。两人都脱离了我们的视野。很快，老司机一手拉着年轻司机，一手拿着车钥匙走回来，拿车钥匙的那只手啪啪往年轻司机身上乱打，年轻司机捂着头，也不还手。原来，刚才老司机追过去，拉住车门把手，年轻司机竟猛踩油门，拖着老司机前行好几米，胳膊擦破了，鲜血直流，旅游鞋也被磨烂。要不是前面亮起了红灯，出租车被迫停下，真不知要出什么乱子！

围观的人越聚越多，听他们两个人讲道理。年轻司机蹲在马路牙子上说，不就是擦了一下后视镜吗？二三十块钱，咱们自己买自己的呗。老司机说："你放屁，是你逆行，凭什么我自己买？再说，你跑什么呀？会说的不如会听的，你有理你跑什么？看我这胳膊，看我这鞋！"

年轻司机梗着脖子不服气，老司机开始拨电话，叫人，一边拨一边跟年轻司机说："你等着！"

一个围观者跟年轻司机说："就是你不对，你把人家都拖成啥样了？你把人家拖死怎么办？"

我也插嘴："你赶紧给人家道歉，说几句好话。别把事闹大了。闹大了对你没好处。"

大家七嘴八舌指责年轻司机。他倒也不固执，听大家说了一会儿，像醒悟了一样，走到老司机面前拉住他的手："大哥，我错了，咱俩商量商量。"老司机一把打掉他的手说："一边去！你不是不想好好跟我商量吗？咱不商量了！"

年轻司机在老司机身边蹭来蹭去，一副可怜样。

老司机走到一座商店的门前，蹲下抽烟。年轻司机蹲在他下面的台阶上，仰着头跟他说话。老司机不用正眼看他，定定地盯着远处。

正在傍晚的下班高峰期，虽然这是个僻静的居民区，但两辆出租车堵在路上，也堵出了20多米的长龙。人们好像都不着急，连路人带司机，都津津有味地看着事情进展。

有人说："找交警吧，一人罚你们好几百块都老实了。"

我说："现在正是活儿好的时候，多拉几个活儿，啥都有了。人家都服软了，你那么大岁数就让他一下呗。"

老司机犹豫了一下，站起来。

又有人说："俩穷人，一天挣不到一百块钱，较什么劲呀！"

这句话让老司机泄了气，他接过年轻司机塞过来的两张票子，拍拍年轻司机，把车钥匙还给对方。

两人一起发动汽车，走了。路人也议论着散去。两个当事人也许该反思一下吧。

悄悄老去

李敖在接受凤凰卫视采访时说，自己将来老得动不了时，要到海南岛找一个偏僻的地方终老一生。主持人问：“让人陪着你吗？”李敖说：“不用人陪，老婆、女儿都不用，我就自己去。我不让人照顾，也不想让人看到我老态龙钟的样子。”

说这话时，李敖已年过七旬。在一般人的眼中，这个岁数已是典型的老人，但李敖自己不这么认为，别人似乎也不这样认为。李敖跟人斗了一辈子，其强悍风格有目共睹，70岁了还在指点江山，拔剑四顾。他的自信绝无仅有。谁知他也有怕的东西，那就是怕老。

又想到了三毛。一个浪漫、唯美，又带点儿神秘的女人，在生活最平静的时候，她莫名其妙用一条丝袜结束了自己的生命。那一年，她48岁，马上就要到“半百”的坎儿了。有一种猜测说，三毛承受不了年老，她只好以这种方式逃避。

还有邓丽君。那样一个纯情、缠绵悱恻的女子，暴病而亡。让多少人为之惋惜。但正因如此，她的形象永远定格在那一刻。如果她安然活到现在，你能接受一个满脸皱纹、白发苍苍的邓丽君吗？你能想象一个老太太的缠绵悱恻吗？

于李敖，强悍已经浸入他的骨髓，与他连为一体，他就是强悍的代名词。而步履蹒跚的软弱，自然是强悍的大敌。他接受不了自己的不强悍，三毛何尝不是如此，或许，她也不是怕老，她是怕自己不再浪漫。

强壮、浪漫、幽怨、缠绵，都是跟年轻联系在一起的。一些人沉浸其中，纠结于此，难以自拔。

但你看看琼瑶，不是也日渐变老了吗？她的小说，她自身感人至深的爱情故事，却并没有老去；席慕蓉年过七旬，她那美丽的诗句，哀愁的情怀，至今读来七里飘香。没有人因为琼瑶年老，而去笑话她那小说中的真情。席慕蓉的诗歌，也没有因为作者的年老而萧瑟发黄。他们自然坦然地老去，如同春夏秋冬的轮回，被我们无声地接受了。

年轻是一道心结，也是很多人心中的一道坎儿，其实一迈脚就跨过去了。有些人却宁可倒下，也不迈脚……

时光走向末路

1982年夏天，梁实秋最后一次到西雅图。他的女儿文蔷斜倚在床头和他聊天。夕阳从白色的纱窗中照进来，屋里充满了和谐，但也有几分凄凉。文蔷那时正忙于写博士论文，已至最后阶段，文章再三修改，使她十分烦躁。她跟父亲发牢骚："唉，我发誓，写完这篇论文，一辈子不再写文章了！"

"不行，你至少还得再写一篇。"

文蔷不知父亲是什么意思，只见梁实秋眼神定定地盯着一个焦点，说："题目我已经给你出好了。"

"什么题目？"文蔷问。

"梁实秋。"梁实秋转向女儿。这一刻，文蔷忽然悲从中来，忍不住哭出了声。

已经80高龄的梁实秋，人生大幕正在缓缓拉闭。一生清通伶俐的他，开始意识到自己的处境了，他无法跟自然规律抗衡，他要认真地思考一下身后事。活着的时候虽受到各类褒贬，有时被抬上天，有时被踩入地，荣辱尝尽，但他还是希望能有一个相对知近的人来整理一下自己的一生。他把这个任务交给了梁文蔷。

在他身后，各类文集和形形色色的《梁实秋传》都来源于他既成的文字资料，再加上作者个人的一点儿发挥，唯独文蔷不多的怀念文字中，都是第一手的信息。

鸟之将死，其鸣也哀。除交代后事，梁实秋晚年似乎总被一种浓浓的末世情结包围。这在他给女儿的信中体现得最明显。

友人的衰老和过世，像一盆盆冷水浇到他头上，他一个又一个地打着激灵。

“林语堂死了……我认识的人，一个个倒下去，好像宴席上的客人一个个地起身而去，只剩下自己慢慢地守着狼藉的杯盘，四顾苍茫，纵有山珍海味也难以下咽！”——1976年3月29日致文蔷

“我生日一过，就是77岁了。糊里糊涂弄到了这样的年龄，不堪回首，更不堪前瞻！我近日时常冥想，想人生生死的问题，想来想去，觉得自己渺小，任由环境摆布，到了老年才开始认识自己，四顾茫然，悚然以惊。”——1978年1月14日

“看到×××夫妇，二人都老多了……都像是水泡过的葡萄干，褶皱而又臃肿，也许我在他们眼里也是一样的吧！”——1980年1月19日

“萧公权死了。×××怕也不能延长太久。老一辈的人一个个地凋谢，令人为之心惊。其实新陈代谢，正是大自然的常态。每年我看秋天的枫叶，我心里就难过。红叶即是白头、死亡的现象，不过树木还有明年的新生，人则只能一辈子而已。”——1981年11月14日

“我今年80岁了，比起彭祖800岁，当然不成比例，可是彭祖寿太长，一生之中死了49位妻子，54位儿子（据《神仙传》），并不值得羡

慕。”——1981年12月23日

“我现在正式宣告我已经进入老境，有种种现象使我不能不信我已是一个老人。”——1983年7月24日

说是这么说，梁实秋比谁都留恋他的人生。他尤其在乎身后的名声。

“人生最大希望，一是子孙成人，一是留下一点成绩。豹死留皮，人死留名，如是而已。”——1976年4月18日

“我现在是苟且偷生，赖有读书写作的能力，勉强活下去而已。你不要惦记我。我们每周通信一次，互报平安，帮助我保留对于人生的一线热情，我于愿足矣。”——1985年12月9日

“……其实我还不太老迈，任何老年人都自以为还可再活一年，我则以为尚不止一年。妈妈推算我可活到90，走着瞧吧。”——1986年8月7日

笔者在电视上看《海峡两岸》的特别节目，一个步履蹒跚的国民党老兵坐在破破烂烂的屋子里接受采访，记者问他有什么亲人，他说大陆没有亲人了，台湾也没有亲人，就他一个孤零零地活着。问他有什么打算，他说，没什么打算，活一天算一天吧。梁实秋有前呼后拥的声名，有衣食无虞的生活。他的“苟活”显然不同于这位凄惨老兵的“苟活”，梁实秋的“苟活论”中，怀着很大的留恋的情绪。他对自己的身体上的微妙变化非常敏感，常以此自嘲，自嘲中又透出淡淡的无奈。

“喂，我的头发渐渐白了，眉毛也半白了，怎么办？还不到80，就蒲柳先衰，好可怕……我只愿再多活几年，多写点东西……妈妈去世，我就觉得我像是被电火打掉一半的一棵大树，生意尽矣。我还能挺到如今，宁非天意。”——1977年11月19日

“过了年就八十三了！近揽镜自照，头顶益秃，鬓角益花白，皱纹益多，皮上苍蝇屎益密，眼屎益浓，总之是丑。”——1983年12月9日

“我的腰痛渐好，现在‘病去如抽丝’，可以走路外出，但步履蹒跚，十足的老人之状了。‘人人愿长寿，无人愿年老。’不老，怎能长寿，我现在想通了。”——1984年3月18日

“我近来感觉急遽老化，走路两腿大不如前，仍勉强每日散步。”——1984年8月20日

“我近来常头晕，心跳，腿痛，衰老之象。万一不讳，希望不必来，来也没有用，徒自苦耳。故再嘱咐，盼听我话。”——1985年11月29日

1987年新年，梁实秋遇到一件诡异的事，写了封信告诉女儿：

“新年初一，早起吃东西，咔嚓一声，一个门牙（假牙）落下……按说这是不祥之兆。我不信这一套，不过也很沮丧。卜者谓‘八十六是一关’，我正在过关。一个人如86以前丧命，显然是这一关没过去，如86不死，显然是这一关过去了。怎么说都有理。不过年年都是关，日日都是关耳。据说有道之士，自知死期，老夫不曾修道，也知道来日苦短也。大年初一，别谈这个了。”——1987年2月7日

谁承想竟一语成谶，就在这一秋天，梁实秋告别了人世。

人到老年，想到死，提到死是必然的，但自己说可以，容不得别人一遍遍提醒。因此，梁实秋不喜欢记者。

1986年12月26日，大约在梁实秋去世前一年，他突然没头没脑地对女儿文蔷说了这样一句话：“人在沙漠中饥渴至死之前，躺在沙中，仰望天空中徘徊翱翔的兀鹰，在等他死之后，来吃他的尸体……”

“我现在就觉得，这些兀鹰已在我的上空愈聚愈多了。”

梁实秋的这个譬喻是有所指的。在他的晚年，常有认识与不认识者来求他的墨迹。很多记者甚至带着录音机来谈，他明白，记者和出版界人士在为他身后的纪念性文字做积极准备。因而梁实秋感到兀鹰盘旋头上。

梁实秋称此类文化界人士为“鹰派”。

有人敲门的时候，梁实秋就说：“文蔷，你去看看，是不是又是‘鹰派’。”

不是所有老人都有机会被人家盯上，总得有一定成绩才行。但“鹰派”们的频繁光临，煞有介事地谈话，无疑在提醒梁实秋的老病，他对此反感也就不足为奇了。

他有太多爱恋世界的理由，他的伤感让人羡慕。可是，他还是走了，没有人可以例外。

别人的鞭炮

20世纪80年代初，那年春节过后我就9岁了。进了腊月门我就开始催父亲赶紧去买鞭炮，可父亲没有满足我的愿望。那些日子正是水果生意最好的时候，他起早贪黑去赶集摆摊儿，一斤橘子挣5分钱，卖一筐就能有五六块钱的进项，这是一笔不小的收入。他没时间和精力理会我这个懵懂少年，他对我的欲望置之不理。其实，我知道，父亲是舍不得花那几元钱，他认为钱应该花在更实际的地方。而我不这样认为，我觉得如果我能像小伙伴们那样拿着一串串鞭炮跑到外面去招摇过街，这带给我的快乐甚至要比吃上半碗红烧肉更多，虽然我也很喜欢红烧肉。

离除夕越来越近了，父亲仍然没有要给我买几串鞭炮的意思。我的忍耐达到了极限，我先是哼哼唧唧，对父亲指派给我的活消极怠工，接着就直接伸手讨要。我知道他拿不出来，便号啕大哭，在院子里打滚，棉衣上沾满了灰土。即使如此，父亲仍不为所动，像没看见我一样，继续挑拣筐里的烂橘子。

除夕夜里，我们家的饭桌上有史以来第一次摆上了纯肉馅儿的饺子，弟弟吃得满嘴流油。母亲拖着病恹恹的身子，起来烧火做饭、上香祭神。她脸上呈现出了一丝丝兴奋的红润。我知道，这应该归功于父亲连日来的起早贪黑。可是我无法接受一个没有鞭炮的除夕之夜。

父亲显然看出了我的心思，他见我吃完第一碗饺子，放下了筷子，就对我说：“孩子，你跟我出来一趟。”我读不懂他的意思，迷迷瞪瞪跟着他走出家门。那正是放鞭炮的时候，一来到街上，我的耳朵里立刻充满了或清脆或沉闷的鞭炮声。也有少许能买得起烟花的人家，他们正在自家院子里燃放这些当时的稀罕玩意儿。我仰着头看着天空，那些从不同的院子里冲天而出的缤纷烟花迷乱了我的眼睛，那些不绝于耳的二踢脚和麻雷子震动着我的耳膜。我久久地沉醉着，几乎忘了身边还站着我的父亲。

“好看吗？”父亲问我。我点点头，顾不得回答他。“你看，别人听到了响声，你也听到了响声，别人看到了这么漂亮的东西，你也看到这么漂亮的东西，所以说，别人的鞭炮就是你的鞭炮。”我不明白父亲的意思，他却接着说：“可是你的娘是只属于你自己的，所以我要让你娘的病早点儿好起来。”

他这一句话让我想到了我的一个小伙伴——铁蛋。铁蛋的娘死了，他整天穿着一件不合身的破棉袄在我们面前走来走去，我忽然感到一种前所未有的恐惧。我哭了，在别人的鞭炮声中，我发现鞭炮于我来说再也不重要了，我第一次意识到我其实天天都在过年，因为我有一个完整的家。

梦寐以求的菜

一直到现在，我吃饭都可以用“对付”两字形容。有菜没菜无所谓，一个馒头，一根大葱或者一碟咸菜，即可吃得兴高采烈。读小学二年级的王晨夕同学，对着满桌子菜问：“爸爸，为什么没有可以吃的菜？”我说：“孩子啊，这上面任何一道菜都是我小时候梦寐以求的。”岳母和几位邻居老太太处得很好，经常互相交换各种各样的小咸菜，现在饭桌上就摆有腌黄瓜、糖蒜、苏子叶、辣白菜等五六种。说其中任何一个都是我梦寐以求的，绝不是信口道来。我才30多岁，似乎还没到回忆的年龄，但现在的生活与小时候反差太大了，我有必要把彼时的梦想记录下来，以备女儿将来查询。

面糊。此乃母亲自创的咸菜。白面一把，盐一撮，葱花少许，以水搅拌均匀，上锅蒸熟。面糊既有白面的滑润，又有咸菜的味道，在冬夏无菜季节，实为难得的佐餐佳品。可惜白面珍贵，只有家里来亲戚时才偶尔吃一两回。我和弟弟若有头疼脑热，老娘也能蒸面糊吃。为了吃上面糊，我装过几回病。装病比演戏还难，不但要龇牙咧嘴做痛苦表情，还需擤鼻涕、把眼睛揉红等多种手段配合。装病次数多了，我深陷病人状态，也不知道自己是真病还是假病。

糖蒜。又名咸蒜。须用新下来的嫩蒜，将其择洗干净，入坛腌制，放白糖、醋、酱油等配料。味道甜、酸，撕下外皮，掰开，一瓣一瓣的，晶莹剔透，好看又好吃。但新蒜价高，白糖更贵，我家从没腌过糖蒜。倒是在亲友家吃过几回，留下深刻印象。面对空空如也的饭桌我常常发呆：什么时候，我家饭桌上也能有糖蒜？给我一瓣蒜，能吃两碗饭！

大豆腐。又名水豆腐，以盐拌之即可，如果奢侈一点儿，滴几滴香油，味道更佳。80年代初，大概一毛六分一块儿，也可用黄豆换。但父母怎么舍得总用黄豆换呢？

咸鸭蛋。某年春节，叔叔带我到姑姑家拜年。桌上摆了一盘咸鸭蛋，一个鸭蛋切两瓣，共三个，六瓣。蛋黄是红的，都腌出油了，摆在那里，红白分明。姑姑的公公，我们叫“大爷爷”，伸筷子给我夹了一瓣，我三下五除二就解决了，香得让人想死。本来，鸭蛋是大人们喝酒用的，我也没客气，自己又主动夹了一瓣。再伸筷子的时候，叔叔用筷子敲了一下我的手，提醒我有点儿出息。眼看着他们一瓣瓣吃完，我好绝望啊！这么好吃的东西，为什么不让我一次吃个够？为什么？为什么？

90年代初，我读高中了，按说生活应该改善了。其实那时城乡差距还很大，学生们普遍寒酸，学校里伙食也不好。我们常常自带咸菜，最常见的是腌芹菜梗、腌芥菜疙瘩。我的好友李海江的同桌自带的芥菜疙瘩是用香油和香菜（芫荽）叶拌的，味道醇厚而独特。我们只从食堂打几个馒头，不打菜，三人就着咸菜吃饭，一连几天都是这样。满满一罐咸菜很快就见底了。有家境好的同学，自己买腐乳（红方）吃，一块腐乳下一个馒头，百吃不厌。我看着人家吃，只有眼馋的份儿。

我跟女儿说："我小的时候，哪里有什么炒菜，咸菜就是下饭的菜。"我父亲则说，有咸菜下饭就不错了。父亲今年60岁，他曾告诉我，他十七八岁的时候，在路上发现一个玉米粒，人踩车轧，已经深陷到硬硬的土地里。父亲小心翼翼把玉米粒抠出来，嚼了一下午——太香了。他连饭都吃不饱，哪还奢谈咸菜?

从父亲到我，从我到我女儿，日子越过越好。日子越来越好，应该是一种社会规律、经济规律。现在几乎全民的生活都在改善，看来真是托政策的福。而政策可以让人致富，可以让人变穷，却又不操之在我。一想，心里又没底了。

真金在心

母亲从乡下来，我和妻子陪她去逛街。"瞧一瞧，看一看，多么漂亮的金项链，三元一条，过期没有啦！"母亲的目光被吸引了过去。我赶紧拉她离开："不用看了，这都是骗人的。"妻子瞪了我一眼，说，妈妈想看就看看呗。

别说，那个小首饰摊上的仿制产品做得还真挺精致。我知道，母亲年轻时就很喜欢金银首饰，只是因为家里穷，根本就买不起，但她提起村里某某有一件什么样的首饰时，眼睛里总是放着晶亮的光。

不少人围着首饰摊挑挑拣拣，我能看出其中有一些其实是人们常说的那种“托儿”。母亲跟我商量：“真不算太贵，要不咱们也买一条吧？”反正也值不了几个钱，我说，那就买吧。母亲挑了一条“金”项链，妻子又帮她选了一个银色的小戒指。总共花了五元钱。当妻子再要看其他东西时，被母亲坚决地制止了。她说：“这些已经足够了，可别再为我花那么多钱了。”

回到家以后，看着母亲把那些仿制的首饰试来试去的样子，我忽然感到一阵心酸。于是我偷偷跟妻子商量，母亲这一辈子也没享过什么福，过两天就是母亲的生日了，干脆就送她一条真正的金项链吧。妻子点头同意了。

在我们为母亲举行的生日宴会上，妻子把那条金灿灿的项链端了上来。母亲一下子愣住了：“你们这是干什么，钱多得花不了了吗？”我们解释说，就是为了让她过一个有纪念意义的生日，没别的意思。母亲不说话了。吃饭时，我看到她的手在微微地颤抖。

我们把母亲送回了乡下。几天后，妻子忽然对我说：“我要告诉你一件事，你得答应我不要生气。”我问她是什么事。她说：“母亲临走前把那条金项链留下了。”我惊愕地看着妻子。她说：“母亲说咱俩现在结婚时间不长，手头也不富裕，不能乱花钱。她让咱们先把金项链退回去，等以后手里有了闲钱再买回来。我说了好半天也没说服她。”我手捧那条项链，久久无言。

不久，弟弟来了一封信，信中说母亲可喜欢我们给她买的那条金项链了，每天都戴在脖子上，见人就夸她的儿子儿媳孝顺……

200封信

这是辆慢车，车上人很少。他走过来，犹豫了一下，然后坐在了我的对面。

过了很久，忽听他沙哑着嗓子说：“为什么不聊聊呢？”这样的开场白我还是头一回听到，像孩子一样冒失而质朴。我不禁笑了，是啊，漫漫旅途，单调而无聊，干吗不聊聊呢！

他不太健谈，但是给人的感觉很真诚。聊了一会儿，他问我：“老人家身体还好吗？”我不知道他是什么意思，点了点头。他的眼睛里掠过一丝悲伤。我猜他大概是要谈自己的母亲了。

果然，他说：“我一直爱着我娘，要不是她，我怎么也活不到现在。”他的眼圈有些发红了：“那年我五岁，刚记事。一天夜里，我发高烧，躺在炕上说胡话，迷迷糊糊中我听见我娘翻箱倒柜地找钱的声音。那钱被我爹藏起来了，他好像正在攒钱买牛。我又听见我娘向爹要钱。爹粗暴地回答说，小孩子家头疼脑热算什么大事，一扛就过去了。再说家里有六个孩子你还嫌少啊，死一个两个孩子的也没关系。娘就跟爹吵。然后我娘就抱着我去邻村找大夫看病。那天晚上刮大风，我娘顶着风抱着我在风里走。大风把我娘儿俩刮倒了，我没事，娘的头却磕在石头上，眼角磕了个大口子。我记得自己伸手摸了娘的脸一下，沾了一手黏糊糊的血。好像是走了很久，才来到大夫家门前。大夫已经睡觉了，娘就砸门，等了老半天门才开。刚一开门，娘就给大夫跪下了，娘身上没钱……”

两行泪从他的脸上滑下来，我的眼睛也湿润了。

“要不是娘，那一次我肯定就死了。第二年开春，家里缺钱花。有一天傍晚，我爹忽然笑嘻嘻地给我两块糖。我很高兴，爹牵着我的手朝村外走，我想爹大概要领我出去玩。我们就走啊，走啊，也不知过了多长时间，也不知走了多远的路，反正那一夜就像一下子走完了我一生的路。后来我们来到一片树林里。转了一会儿，爹忽然不见了，就剩下我一个人呆呆地站在路边。黑夜真黑，连一颗星星也没有，我觉得身上特别冷。我害怕极了。我哭了，哭着哭着就靠在一棵树下睡着了。后来我被吓醒了，睁开眼忽然看见一个黑影在眼前晃动。我惊叫了一声。黑影就跑过来，紧紧地搂住我。那是我娘。我娘抱着我发疯般地亲我。她的脸上湿漉漉的全是泪，娘哭我也哭……”

火车闷声不响地在雨中向前行进。我默默地望着他，听他继续讲下去。

“从那以后，我娘更加注意护卫着我。六个孩子当中她最疼我。我吃的穿的都比哥哥姐姐们好。那时候我有一个心愿，那就是能挣到五万块钱，给娘买一个角膜。因为在那次给我看病的时候，娘磕破的左眼完全丧失了视力。据医生说，要恢复视力就得换角膜，而换一个角膜就需要五万块钱。我跟娘说出这个心愿的时候，她笑着说：“娘不换眼睛了，你不就是娘的眼睛吗？”我看见娘的笑脸上挂着两颗亮晶晶的泪珠。由于家里兄弟姐妹多，我没有上学的机会，但是我自己发奋图强，自学完了小学到大专的全部课程。我还获得了会计证书。去年，我到广东闯天下，受尽了白眼和唾弃。我把自己的遭遇一一写下来寄给娘。隔一天我就给她寄一封信，前前后后一共写了近200封信。我娘不识字，但是我知道只要能看到我的信她就放心了，所以我就一直坚持不懈地写。现在我在珠海一家公司当会计。领来第一个月的工资，我全部寄给了我娘。我可以想象得出她收到我的钱时那副高兴的样子。而且这时我也下定决心，一定要攒够了钱给我娘换一个角膜。前几天我忽然接到家中的电报，说我娘病重。我心急火燎地往家赶。可是……可是等我推开院门，我只看到一副冰冷的棺材和堆在棺材前面的近200封信，那些信散乱地丢弃着，像一片片伤感的白色花瓣……”

他低下头哽咽着，再也说不下去了。我把头转向窗外，雨越下越大，浑浊的雨水啪啪地打在车窗上，然后顺着车窗哗哗滚下来。列车载着一个平凡动人的故事向前行驶着……

辛苦的辛

电视台在做一档谈话节目，一对老夫妻已经结婚60年。在这共同生活的60年里，他们相濡以沫，互相搀扶，即使在最艰难的日子里，也从没有分开过。

老大爷说，“文革”期间，他被“流放”到遥远而寒冷的北大荒，一待就是八年。老伴一个人带着四个未成年的孩子苦挨日子。“全家人曾经半年没尝到过油腥，春节的时候，一小碟盐拌豆腐成了他们难得的年夜饭。我这个父亲，当得不称职啊……”老人说到动情处，把白发苍苍的脑袋埋在手中，啜泣起来。演播现场一片骚动，一时间所有人的情绪达到了高潮。

主持人不失时机地把话筒对准老大娘：“在这么大的生活压力下，您有没有产生过要和老大爷‘划清界限’的想法？”“没有。”老大娘言简意赅。“那样的日子对于一个柔弱的女人来说，可真是一场噩梦，请问大娘，您当时是怎么熬过来的呢？”主持人再次将话筒递过去，很多观众也都用期待的目光看着老大娘。

“其实，当时真的没觉得有什么，日子一下子就过去了。”从上台的那一刻，老大娘说的话总共不超过5句，她的话显然让在场的人不解渴。

“那么，您当时又当爹又当妈，除了上班还要操持家务，是不是感觉很辛苦，甚至有怨言？”主持人循循善诱。

老大娘笑了：“小伙子，我知道你想要我说什么。不过我真的没什么可说的。要说累，确实很累，可是我坚信自己的老伴儿不是他们说的那种坏人，他早晚会回来的。我感觉自己有盼头，因此这里不苦。”她指了指自己的胸口，“人们总说辛苦辛苦，辛苦的‘辛’不是这个‘心’……”

她的话还没有完，台下已经一片掌声！

这是一个历经过艰辛的人的经验之谈，只要“心”不苦，再多的辛苦也只是“累”——可以一带而过的“累”。

爷爷和孙子

孩子刚出生三个月的时候，不幸得了脑积水，花了几万元，终于保住了生命。但此后，孩子的脑袋一天天变大，甚至完全可以用“头大如斗”来形容。有一天，一位路人从他家门口经过，瞅了孩子一眼，吓得“妈呀”一声，拔腿就跑。左邻右舍也不愿意到他们家来串门了。多方治疗无效后，孩子的父母心灰意冷，终于决定放弃。可是孩子的爷爷金中术不同意。儿子儿媳不忍心看孩子的惨状，双双离家出走。

金中术和老伴成了这个孩子的父母。孩子头部占了整个身体近一半的分量，不能翻身，眼睛睁不开，嘴巴也张不开。金中术冲好奶粉以后，要扒开孩子的嘴，用小勺一口一口地灌进去。怕奶太热烫着孩子，金中术有时要先把奶含在自己嘴里，觉得温度适宜了，才喂给孩子。天气好的时候，金中术和老伴儿就带着孩子出去“散步”。孩子无法走路，只能抱在怀里。天长日久，老伴儿的胳膊都变形了，永远是一副要抱什么的姿势，这个姿势记录下了他们每一天的含辛茹苦。

有人劝他们：“不要再为这个残疾娃娃受苦受罪了。”这样的话听得多了，金中术都有点儿麻木了。他知道，自己是在下意识地爱这个孩子，尤其是血缘关系在起着作用，如果放弃了，他良心不安。

日子一天天过去，转眼孩子已经三岁了。孩子的父母偶尔回家一趟，见孩子在爷爷奶奶的照料下，活得有滋有味，于是感到自责。以后，他们经常回家来看孩子，给孩子带来奶粉、水果等。

孩子眼睛看不见，但耳朵很灵敏，听到爷爷奶奶的脚步声就兴奋地伸出小手来，那样子很可爱。其实，金中术有时也会惶惑，自己救活这样一个生命，到底是对还是错呢？这天，他和老伴儿领着孩子在屋外晒太阳，孙子舒服地躺在小推车里，神态怡然。老伴儿就逗小孙子：“孩子啊，你活得多累，看不见爹娘和爷爷奶奶，干脆我们给你喂点儿安眠药，也好让爷爷奶奶享享福……”话音未落，孩子的小嘴颤动了几下，无声的泪珠顺着眼角唰唰地流了出来，滴在枕头上，湿了一片。奶奶急忙把他抱起来，说：“孩子啊，你别哭，奶奶是跟你开玩笑的，我们怎么舍得你这苦命的孩子呢！”

金中术目睹了这一幕，他彻底放心了。孩子是留恋生命的！既然如此，自己救活了他并抚养着他，应该是对得起孩子的。金中术，61岁，农民，家住长春市高新开发区双德乡前进一队，他这一辈子，不想对不起任何人。

食神最爱吃的饭

在一次国际性的美食大赛中，他过五关斩六将闯入决赛。在决赛中他发挥出色，端上桌的几个菜色香味俱全，几个评委品尝之后，不约而同地都给出了最高分！他一举夺魁，获得了“食神”的称号。这真是众望所归啊！人们蜂拥着围上来，掌声如潮，鲜花一把把地送进他的怀里，摄像机、照相机的闪光灯晃得他眼睛都快睁不开了。记者们你一嘴我一嘴地问个不停，他根本不知道该回答谁。最后，食神的经纪人拦住了所有人，他大声说：“我们的‘食神’太忙了，现在大家可以共同提出一个问题，让‘食神’统一回答。”几十位记者紧急商量了一下，提出了这样一个问题：“你能做出这么多好吃的东西，那你最喜欢吃自己做的哪道菜？”

食神笑着摇摇头说：“我不喜欢吃自己做的菜，有人比我做得好吃。”

此言一出，全场顿时鸦雀无声。

终于，有人小心翼翼地问：“那你最喜欢吃谁做的菜？”

“妈妈——我的妈妈，我最爱吃她做的菜。”

哦，人群一起做恍然状。

没人注意到，一位白发苍苍的老太太——“食神”的母亲，此时，正躲在人群的后面，一下一下地抹眼泪。

橘子

那个小女孩也就是三四岁的样子。她在医院门口的一大排水果摊前走走停停，还一边小大人儿似的问着价钱。最后，小女孩在他的摊位前停住了。他饶有兴趣地打量着她：白白净净的小脸上一对亮晶晶的眼睛，穿一件杏黄色的连衣裙，小巧、干净，浑身上下都透着那么一股子灵气。

“叔叔，橘子多少钱一斤？”

“两块。”

“我要买。”她把钱递了过来。

他看着她的钱，揶揄地笑了：“你的钱是哪儿来的？”

“我自己的呗！”小女孩像受了委屈似的答道。

“你的钱我不要。”

“叔叔，求求你了，我的姥姥病了，得的是肝癌。”小女孩扑闪着眼睛，滴下两颗泪。

他的心狠狠地跳了两下，他决定要卖给她了。

“要多少？”他问道。

“10斤可以吗？”小女孩犹豫地说。

“这也太多了！”他说，“你的钱不够。”

“怎么会呢？”小女孩有点儿着急了，“头几天妈妈用比我这张要小好多的钱还买了10斤橘子呢！”

“好了好了，给你五斤吧，多了就不行了。”他不想再耽误工夫了。

小女孩专心地看着高高的秤杆，恢复了刚才的灵气：“秤要给足哟！”他想笑，但又一阵心酸。他给小女孩包好橘子，叮嘱他拿好，然后看着她走远。

他转过身，把小女孩递给他的钱——一张从杂志上精心剪下来的画页——放进钱匣子里。

两年前，他在这个世界上唯一的亲人——他的奶奶——就是死于肝癌。

终极追问

那一天，妻子过生日，向来不会做饭的丈夫决定给妻子炒一道菜。菜炒到一半的时候，三岁的儿子跑过来捣乱，妻子赶紧追上去抱孩子。孩子拼命挣扎，大家都手忙脚乱，结果把锅从煤油炉上碰下来，孩子的下巴上溅了一些滚烫的油，落下一道令人触目惊心的伤疤。

若干年后，孩子上了小学和中学，在学校里常常受到其他同学的嘲笑。再后来，孩子上了大学，追了很多女孩子，人家都嫌他脸上有一道伤疤，这让他心里很不是滋味。接着，孩子大学毕业了，但一直没有找到工作。他的专业是英语，可是与外国人打交道，形象很重要，他无法埋怨接收单位，于是把责任推到父母身上。如果父母当年精心一些，哪里有自己后来遭遇的这一连串的不公平待遇。他越想越生气，甚至不愿意再见到自己的父母。大学毕业后的两年时间里，他都不回家，连电话也不肯打，就那么一个人在外面孤独地漂着。

其实，父亲比他更难过。几次与儿子联系也没有结果，只好去求助一位心理医生。

心理医生听父亲介绍了情况后，决定帮这位父亲一个忙。他费了很大的劲儿，才找到那个小伙子。医生说："这个世界上，没有一对父母会有意去伤害自己的孩子，事出偶然，儿子应该理解他们……"但是，一个下午的时间，小伙子始终听不进医生的话。两个人边走边聊，来到郊外的一处墓地。

抬头望去，满眼都是郁郁葱葱的松柏，一阵风吹过，唰唰地，让人感到浑身从外往里发冷。一个又一个坟茔，呆呆地站立着，更增添了一丝肃穆和悲凉，静得可怕。医生忽然想到了什么，他问小伙子："你真的不能原谅你的父母吗？"小伙子点点头。医生说："如果有一天，你的父母离开了你，也来到这里，你是否愿意他们带着愧疚和遗憾来到这里？"小伙子愣了一下。医生接着说："即使那时你原谅了父母，那么，那时的原谅还有什么意义呢？"

当面临终极追问的时候，所有的恩恩怨怨都豁然而解了。他疯狂地跑回宿舍，拨通了家里的电话号码……我的同龄上司，今天给我讲起他自己的故事，依然是情绪难平："我庆幸，在我的亲人还健在的时候，自己学会了珍惜。"

嘿，小妹，你爸回来了！

兄弟姐妹八人，她在家中排行老五，上不着天，下不着地，属于"姥姥不疼，舅舅不爱”的那一类人，再加上别人总说“小秋在这些孩子中长得最丑”，让她感到非常自卑。在她六七岁的时候，父亲带着她的两个妹妹去看杂技。她也闹着要去，父亲很不高兴地答应了。但她没有看出来，仍兴高采烈地跟在后面。看完杂技，父亲买了两块西瓜发给两个妹妹。父亲是铁路职工，每月工资50多元，应该不差她的那一块西瓜钱。她很有自知之明，认为自己能跟着去玩就满足了，也没表示不同意见。但回到家后，父亲竟然笑着对她说：“小秋，告诉你妈妈，西瓜甜不甜？”她当时就伤心地哭了。

她恨极了父亲，从此经常和他顶嘴。

后来她得了类风湿关节炎。地处寒冷的东北，这在30多年前，简直是要命的病。有一年，她的病全面发作，浑身上下每个关节都疼痛难忍。大夫也没有办法，母亲甚至连她的装殓衣服都准备好了。那时父亲正在福建出差，母亲给他拍了封电报。等父亲风尘仆仆地赶回家时，她的病情开始有所好转。父亲进门时，她正坐在床上，所以最先看见了父亲。于是她对旁边的妹妹说：“快看，你爸回来了！”但是父亲好像没听到她在说什么，直向她奔过来，问：“你现在怎么样了？”她仍是一副玩世不恭的样子：“你看这不挺好的吗？”

但让她没想到的是，父亲哭了，那是一场虚惊之后放松的哭泣。看着50多岁的老人哭得那么委屈，她甚至都有点儿奇怪，父亲对她的感情真的很深吗？后来她得知，得到她病重的消息后，为了抢时间回来，作为铁路职工的父亲，甚至连直达卧铺车都来不及等，自己坐硬座倒车回到了家中。她开始回忆过去的点点滴滴：是父亲，带她一趟趟到湖北、上海、哈尔滨去求医问药；是父亲，背着她楼上楼下地跑来跑去；是父亲，为了讨药方在大夫家门口等了好几天……而她总对小时候的一个玩笑耿耿于怀，这简直是一种罪过。此后她理解了父亲，不再故意顶撞他。

在她给我讲这个故事时，她说：“如今，我已经40多岁，可以总结自己的人生经验了。我认为，现在的众多家庭，两代人之间可能会经常产生误解。而在这些误解中，绝大多数是儿女对父母的误解，老人对孩子，只有包容。哪一对父母会嫌自己的孩子长得丑？”

瘊子

母亲脸上长了一个瘊子。它矗立在鼻子的左边，红彤彤的，使母亲看上去凭空增加了一丝恐怖感。不过，他小的时候，并没觉得这是什么大毛病。后来上了学，同学们都拿他母亲脸上的瘊子取笑他，才让他意识到这个瘊子对自己是个多么大的伤害。他不愿意让母亲出现在别人，尤其是自己的同学和朋友面前。小学时，母亲有时候还问他：“儿子，怎么你的同学不到咱家来玩？”但是母亲很快就敏感地摸到孩子的心理了。她不再提这些事，装作对此一无所知。她依然日出而作，日落而息地忙碌着，辛辛苦苦地打理着这个家。

直到他上了大学。接到录取通知书那天，母亲高兴得不得了，四处告诉自己的亲友。人们来祝贺的时候，对她说：“你儿子有了出息，将来留在城里，你也可以到城里去转转了。”母亲笑得脸上开了花，那只瘊子也跟着一颤一颤的。母亲没有等到他毕业，就到城里来了，不过不是来享儿子的清福，是来看病。母亲得的是胃病，在省城的医院检查后，说什么也不同意做手术，她嫌花钱太多。母亲对陪着她来的侄子说：“咱们到大学里去看看你表弟吧！”两个人都不认识路，也没有电话，倒了好几遍汽车，绕了一上午的路，才打听到他的宿舍。

他正在吃午饭，见到母亲推门进来时不禁愣住了。他的嘴张了张，看到母亲汗津津的脸上，那颗鲜红的瘊子越发地显眼了。一个同学问：“你们找谁？”他忙站起来：“啊，是找我的……”他没有喊“妈妈”，母亲也像约好了似的，没有像在家中那样一口一个“儿子”，而是改成了“孩子”：“孩子，我到这里来看病……”母子二人坐在他的铺位上谈着，同宿舍的人都收拾完东西各回各的铺位去了。母亲给他讲家中的事，嘴里却说的是“你爸爸”怎么样，“你哥哥”怎么样，他则有点儿显得手足无措。大概过了20分钟，母亲要走了，蹲下身去拿东西：“这是……是你妈妈让我带给你的红枣……”母亲弯腰的一刹那，他看到一颗硕大的汗珠从母亲额头上滚落下来，那颗汗珠顺着脸庞淌到瘊子上，在这个障碍物上停留片刻，又分成两股，“顽强”地绕过瘊子，在瘊子的下面汇合起来，流到嘴边，母亲根本没顾上擦一擦。而他一下子像触了电一样，呆呆地看着母亲，顿时酸甜苦辣百感交集。

母亲直起身递给他那个装满红枣的袋子，他忽然大声对屋子里所有的人说：“我向大家介绍一下我的母亲……”

拔掉了心里长了十几年的那颗瘊子，他顿时感到轻松极了！

和你一起慢慢变老

女友和我去逛街。她把手插进我的胳膊下面，这样走起来很舒服，让人有一种相互扶持的感觉。风吹过来，刺得脸上一阵一阵疼。我想给她买点儿什么。她却什么也不要。我徒劳地指了很多东西，她总是摇头，最后她终于站住了，说：“我要吃。”那是一种三色的爆米花，每袋一元。我心里很感动，当一个女孩千方百计为一个男孩省钱的时候，她就是真正爱上他了。但我心里又酸酸的，她越这样，我就越觉欠她的太多。

最初与女友拉手是在录像厅里。她一直为此耿耿于怀：“你追我太容易了，让人家一点儿防备也没有。”因此她坚持让我再追她一次。她给我出了一个主意，买一个精致的本子，每天在上面为她写一段文字。这算是补给她的情书。这样我在晚上的时候就多了一门功课——重温我们白天的爱情。我在把它变成文字的过程中，让理性的泉水从心头流过。我们的爱情持久弥笃，与这种适时的反省不无关系。

去年除夕的时候，我要请女友吃饭，她说，这样太俗了，还是来点儿浪漫的吧。我想了想说："那么我就满足你的一个心愿吧！"女友狡黠地笑了："你说话可要算话哟！"我一看到她笑，心里就不由自主地发虚，她的鬼点子太多了。我想好了，如果她让我去摘天上的星星，我就端一盆水让她看水中的倒影。谁料她说出的竟是："那么你戒烟吧！"我有点儿惊讶，真没想到她提出的原来是这样一个要求。这是一根幸福的绳索。以后的日子里我始终恪守着这个承诺。

我和女友在许多方面有着惊人的相似。心里有种说不出的感觉，默契是无处不在的。你想到什么，她也想到了什么，这样一个人就有了两个支点，我和她在芸芸众生中肯定能站得更稳些。我们也吵架，不是那种大声的争吵，而是有分寸的生气。我生气了就数落她一顿，她便不说话。她生气了就是沉默不语，我只有赔礼道歉说好话，最后我们总能言归于好。我们就是通过这种方式来互相磨合，求同存异。爱情是条路，两个人走，步调不一致的时候，快的等着慢的，慢的撵着快的，终归，路上有个伴儿，即使我手里没打伞，我也会用手掌给她挡挡雨。我们在一起，平平淡淡的时候多。两个人一块儿到图书馆去看书，一块儿到食堂打饭。但唯其琐碎，才舍去了浮华，更显其真实。我喜欢这种真实。

我是个独来独往的小文人，女友也出身于普通工人家庭，想想越来越现实的未来，我们也会产生许多无奈和感慨。但活在世上的人谁没有美梦和现实之间的反差呢？有爱支撑着，或许能使这种距离缩短得快些。女友特别喜欢赵咏华的一首歌："我能想到最浪漫的事，就是和你一起慢慢变老，直到我们老得哪儿也去不了，你还依然把我当成手心里的宝……"我真想对女友说："到时候，让我吻你那满头的白发吧！"

腾出的那只手

和女友一块儿去逛商店，买了一大包东西，由我拎着，女友专心地挑选。回来的时候，在路口又看到一个卖西瓜的小摊。问问价钱，还挺合理。女友想买，我说别买了吧，你看我都快拎不动了。女友说："没关系，我帮你拎。"

一个西瓜有七八斤重，我用左手拎着，所有的商品都加在一起也得有四五斤重，女友用右手拎着。当时我们都没有想到让我用两只手来拎。可是，当我们两个人很自然地把腾出来的手拉在一起的时候，我们才猛然意识到，原来我们让一只手承受超负荷的重量，仅仅是为了腾出另一只手来相牵相伴的啊！

听过这样一个故事，一个远居国外的男人，到邮局去给他的妻子拍电报，全文是："亲爱的妻，我在国外很想你，祝你圣诞节快乐。"当他掏钱付款时，却发现身上带的钱差一点儿。于是他对邮局的女电报员说，为了省钱，我可不可以去掉几个不必要的字？女电报员说可以。但当她接过那位丈夫删改过的电文时，发现去掉了"亲爱的"三个字。于是那名女电报员说："先生，您还是把'亲爱的'这三个字添上吧，钱由我来付。您不知道，这三个字对一个女人来说到底有多重要！"

我一直深深感动于这个故事的平淡。当我每天都用腾出的那只手牵住爱人的手时，我并没有感到自己身上增加了什么，但当我那只手骤然抓空时，我会觉得失去了很多很多……

温暖

那时我刚参加工作不久，和徐锋一块儿在郊区租了间小平房，因为那儿价格便宜。每天白天我们俩出去忙活自己的事，晚上回来聊一会儿后，我看书，他画画。虽然清苦，但很快乐。

后来我谈了恋爱，女友是个温柔可爱的女孩。徐锋很替我高兴，他鼓励我把这次爱情进行到底，并积极为我创造机会。那时徐锋已经辞职，天天在屋子里画画，听外语磁带，准备考研。为了给我腾出必要的空间，每到傍晚我下班以后，和女友一起回到屋子里的时候，他就主动跑到附近一所学校的图书馆里去看书。

有一次，我们屋子里来了一位徐锋的朋友，名叫全宝，是到长春来办画展的。全宝是个豪爽、开朗的小伙子，能讲笑话能喝酒，画也画得很棒。他们两个那段时间一直在布置画板，或者出去联系场地、拜访省内书画界名人，每天要忙到很晚才回来吃饭。我和女友有时也要帮他们忙活一阵。

我和女友帮他们瞎忙活了一周时间，直到画展就要开始的前两天。那天是周六，中午时分趁徐锋和全宝出去吃饭的时候，我伺机吻了女友一下，不巧正好他俩走进屋来。看到我们的尴尬相，他俩会心地对视了一下，笑了。

下午，我和女友出去逛街，傍晚时才回来。一进屋，见屋子里空空的，气氛有点儿不对劲。我让女友在门口站住，自己则小心地四下打量了一下。全宝很爱开玩笑，别让这家伙捉弄了我。果然，我发现门上贴了一张小纸条，上写：哥们，录音机底下有一张纸条，请找出来看。“他们在搞什么鬼把戏？”我疑惑地说。

女友笑了："看着吧，这回他们可要调理你了！"

我奔向录音机，从底下抽出一张纸条："请翻桌上《汪曾祺全集》第278页看。"于是我又找出那本《汪曾祺全集》，翻开，见书页上写道："哥们，麻烦你去自己的枕头底下看一看。"

最后我终于灰头土脸地在床底下的鞋盒子里找到一张纸条："这是最后一次了。把门上那张纸条撕下来看背面，你和女友一起看。"好嘛，跑了一圈，又回来了。我与女友赶紧撕下那张纸条，看背面，只见上写："今天我们不回来了，你们想干点儿啥就干点儿啥吧！"

女友脸上的笑容渐渐凝固了，后来眼里竟闪出点点泪光。

其实那天我们什么也没干，我们说了一会儿话，我就把女友送走了。但直到今天，我和妻子一想起那天两位朋友为了给我们腾出地方，自己在录像厅里熬了一宿，心里还是热热的，暖暖的。

生活

我和女友登记了，女友变成了爱人。她的同学来向我们道贺，一群叽叽嘎嘎的女孩子带来了许多稀奇古怪的礼物：有会喊"爸爸，妈妈"的洋娃娃，有精巧玲珑的玩具表。她们还在墙角四周洒了许多香水，把小小的屋子弄得无限温馨，无限浪漫。

我的同事们也来了。他们给我带来一套我梦寐以求的精装本《约翰·克利斯朵夫》，还有许多齐秦的原版磁带。一股浓浓的书卷味顿时弥漫了整个小屋。

几天以后，岳父岳母从百里之外专门乘火车来这里。女友在省城读了两年书，他们没来看过一次，我们登记刚几天，他们便急不可耐地赶来了。我去火车站接他们。很沉很沉的两个大包裹，回到家打开一看，是一坛子自家酿的酱和一块厚实的榆木切菜板。老人想得真周到。

那天下午，岳母给我们把损坏的被子缝好了。岳父则用了一个小时的时间教我如何磨菜刀。

大家的孕妇

妻子怀孕了。也就是说，我就要当爸爸了。

当然，她怀孕才刚刚三个月，如果不仔细看，还看不出苗头来。可我已经很为她操心了。早晨送妻子去上班，车上人很多，我就特意提醒售票员："大姐，我老婆怀孕了，麻烦您帮她找个座。"那个面目和善的大姐冲我笑笑，点点头。晚上回家以后，妻子告诉我，车上有好几个人抢着给她让座，她都有点儿不好意思了："其实人家现在根本没什么事，你干吗非要那样兴师动众的？"

随着妻子的肚子越来越大，朋友们见面之后开始越来越多地谈论起这个话题。他们向我提出了各种各样的建议。有的说，一定要你老婆多吃核桃，吃核桃可以补脑，小孩长大了聪明；有的说，要多吃海米，海米补钙，小孩的骨骼结实；还有的告诉我，别让你老婆喝饮料，饮料里含有多种有害的物质。一位慈祥的师母再三叮嘱我一定要多买点儿倭瓜吃，最好每天吃一顿。我问她为什么，她也说不出所以然，但她凭自己的经验，吃倭瓜对孩子肯定有好处。就这样我在很短的时间里便被培养成了一个素质相当全面的护理专家。

妻子的一位同事喜欢抽烟，每天几乎要抽一包烟。自从办公室里多了这么个孕妇，那位老兄只好强忍着，每天顽强地与自己的生理需求做斗争。有时候实在忍不住了，就跑到外面抽上几口。那可怜的情形甚至让人感到有点儿残忍。

陪妻子到超市去买东西。超市里熙熙攘攘，顾客们都在精心选择商品。妻子腆着大肚子刚一出现，就被站在门口的保安看到了。保安大声吆喝起来："各位让一让，注意别碰着这位孕妇。"这句话果然有效，人们纷纷为她让路。与她擦肩而过时，都一副小心翼翼的样子。而他们那脸上的表情，都是温馨的，宁静的。

晚上，我抚摸着妻子的腹部，感觉到那尚未谋面的孩子的心跳规律而且有力。我对孩子说："我的好宝贝，你一定会长得漂亮，将来一定会有一颗仁爱的心。这么多无言的关爱已经走向了你，你以后用什么来回报呢？"

女儿的帽子

妻子怀孕的时候，把我紧张得够呛。我甚至整宿整宿地做噩梦，对未来的生活一点儿也没有把握。我不知道该怎样洗尿布，不知道该怎样应付孩子的哭闹，也不知道该怎样挣来更多的钱以备家中更加庞大的开销。我想我应该做好最坏的打算，但最坏的打算是什么，我心里却又想象不出来。

王晨夕出生了。这个可爱的小姑娘确实在一定程度上改变了我们的生活，不过一切并没有预想的那样可怕。最初那几天，由她姥姥在我们家中照顾她。等她刚刚满月的时候，又被抱到姥姥家去，远离了我们。此后，我和妻子每周都要坐二三百里地的火车去看望她。当然，我们每天都要打电话询问一下王晨夕的情况。岳母一般会告诉我们，今天王晨夕又哭了半宿；给她喂奶的时候，她一边吃一边玩；王晨夕会笑了，没事的时候就偷着笑一下，那样子很可爱呢；给她把尿时她说什么也不肯配合，刚把她放到床上，她就水漫金山了。通过这些断断续续的信息，再加上短暂的探视，女儿在我心中的形象逐渐丰满起来。我爱我的女儿，但唯一不一样的是，我没有亲自给王晨夕把过尿，也不需要亲自给她冲一杯奶。

这天，岳母在电话里告诉我："今天王晨夕要打防疫针了，人家大夫不出诊，让咱们自己把孩子抱到医院去。"这几天气温正在下降，我便叮嘱岳母别忘了给小晨夕包严实一点儿。晚上，岳母就告诉我们一件趣事，她把王晨夕包裹好以后，又给她戴了顶小帽子。帽子一扣到头上，小晨夕就紧紧地闭上眼睛，摘下以后，她才敢把眼睛睁开。在医院里，光排号等候就花了半个多小时，在那半个多小时的时间里，小晨夕就那么闭着眼，一动不敢动。"你们的女儿胆子太小了。"岳母这样笑着说。她不知道，在她讲述的那一瞬间，我的眼睛一下子湿润了。我忽然意识到，原来我的女儿是这样的柔弱，就像一只在风中摇晃的嫩苗，她需要自己的父亲像坚硬的墙一样为她遮风挡雨，需要父亲细致入微的呵护。我真为自己曾经的迷茫感到自责。

女儿给我带来的改变，也许就是让我从这一点一滴的感动开始的。

动嘴

女儿王晨夕，现在六个月，会哭会笑会撒娇，亦会调皮捣蛋，把老姨的脸挠破，把尿撒在小姐姐新买的裤子上。虽然行动尚有诸多不便，但王晨夕对生活已表现出强烈的欲望，其最大的特征乃是见什么吃什么，必先嚼之而后快。

王晨夕最爱吃的是自己的小脚丫，趁别人不注意，立即用手飞快地扳过自己的小脚丫，放在嘴里吮得啧啧有声。爸爸妈妈把她的小脚丫从其嘴里抢救出来，上面已沾满斑斑唾液。如是者三，王晨夕面露怒色，大声哼哼以示抗议，索性紧紧抱住自己的小脚丫不再让任何人染指，态度强硬到坚不可摧。考虑到卫生，爸爸妈妈只好将她的小脚丫擦洗得干干净净，作为最后的补救措施。

身上穿的衣服既是王晨夕的御寒之物，又是磨牙之必备品。闲极无聊，王晨夕也会揪起衣角、衣袖、衣领等部位放进嘴里啃得津津有味。但或许是衣服味道单一，且质感生涩，王晨夕对其兴趣不是很高，父母略一制止，便乖乖服从，塑造出一个文静听话的小女孩之雏形。

一次，妈妈给王晨夕买了一个会说话的洋娃娃，王晨夕眼睛放光，一把抢过，左看右看，爱不释手。大家都觉有趣之时，王晨夕终于露出贪吃面目，一口咬住洋娃娃的脑袋，任是谁也拉不开，妈妈好不容易虎口夺食，王晨夕哇哇大哭，似受百般委屈。爸爸分析，王晨夕用嘴接触洋娃娃，或许并无恶意，是其表达亲热的方式之一，类似热吻。

随着时光推移，这种“热吻”的原因逐渐明朗，只要是亲人将手伸到她的面前，王晨夕必凑前先用鼻子嗅之，再小心翼翼试探之，后放进嘴里嚼之，脸上春意盎然，幸福之态毕现。若是陌生人，则细观你脸上神色，然后毫不犹豫地将手推向一边，再不理睬。亲疏远近，表现得泾渭分明。

都说小孩无心，可他们却有本能。没法用心灵观察社会，他们便用嘴去体验冷暖，王晨夕在此过程中亦遭受过挫折。一次，她被一画册上的红色苹果深深吸引，用手去抓，却发现其是平面效果，并非立体实物。索性把画册整个抓起来放进嘴中，却被坚硬的画册边缘划了嘴，疼得王晨夕大叫，扔掉画册，呆呆看了它半天，旁观者都不知道王晨夕此时到底作何感想。

胸无城府的人，喜怒哀乐形于色，我的女儿王晨夕却是悲欢离合“形于嘴”。看着她躺在床上睡得那么香甜，我想，她的豁然态度着实值得一些成人向她学习。

12遍

这是一台老式传呼机，在我收拾屋子的时候，它从一个抽屉的角落里被翻了出来。现在看来，这台传呼机已经略显蠢笨，可是当初买它的时候我做了很长时间的心理斗争。那时，我和一个美丽温柔的女孩刚刚建立恋爱关系。为了联系方便，我决定买一台传呼机。1997年，传呼机正在大行其道。我翻阅了好几家报纸，进行了一次又一次的比较，终于从每月700元的工资中拿出380元，买下了这台数字传呼机。

我忙于工作，女友在上大学，虽然离得不太远，但平时各忙各的事，传呼机就成了我们联络的纽带。有时候我到外地出差，就把传呼机留给女友，我到达目的地以后，一定马上打个传呼告诉她我的行踪。日子一天天过去，我们的感情日益深厚。

那年春节过后几天就是情人节了，而那时女友已经放假回到老家。一个人走在大街上，看到与自己擦身而过的那些少男少女们手里拿着一束束玫瑰，脸上洋溢着幸福的微笑，我心里很不是滋味。我热恋的女友现在正在做什么呢？我很想打个电话问候她一下，和她倾诉一下思念之情，可是我知道，她的家中没有电话。这时候，我开始盼着自己的传呼机快点儿响起来。这期间，虽然传呼机响了几次，但显示出来的电话号码一次次让我失望了。直到傍晚，传呼机终于再次响起来，低头一看，上面出现了“00”的符号。是留言！我确信，这次肯定是女友给我的留言！我飞快地跑到附近的一个电话亭，用颤抖的手拨通了传呼台的电话：“你好，我想查询信息。”传呼小姐问了我的密码后，用甜美的声音告诉我：“杨女士留言，祝你节日快乐！”这就完了？我问：“还有吗？”传呼小姐说：“没了。”放下电话后，我有点儿不死心，女友是个很细心的女孩，不可能只给我留这么简单的一句话。哦，没准儿是这个传呼小姐太粗心，把那最重要的一句话给落下了。于是，我再次拨通传呼台的电话："你好，我想查询信息。"传呼小姐告诉我："杨女士留言，祝你节日快乐！"奇怪，怎么会是这样？我决定再拨一次……

在那个飘着细雨的夜晚，我一次次拨通传呼台的电话，直到后来一位传呼小姐提醒我："先生，这个信息在八分钟之内已经被查询了12遍，是不是信息有问题？"我心里酸酸的，我怎么能告诉一个素不相识的人，我是多么想听到那动人心魄的三个字啊："我想你！"

那天晚上，我枕着12个"祝你节日快乐"安然入梦。在我的心里，这12个"祝你节日快乐"已经被我自动置换成了"我想你"。

自从四年前买了手机，传呼机就被我彻底弃用了。

小时候看故事书，有那么多刻骨铭心柔肠百转的爱情，最终却都落得劳燕分飞。而现在，我抬头看看，我以前的女友，现在的妻子，正靠在沙发里，安静地欣赏着电视节目，女儿则淘气地在地板上跑来跑去，我抚摸着这只并未刻意保留的传呼机，感到生活于我真是格外垂青。

提醒

恋爱的时候，她就几次告诉他，她的身体不好，会拖累他的。他笑笑，说："只要我爱你就够了。"不过，她总把那当作是花前月下的甜言蜜语。对于未来，她并没有信心。

但是很快他们就到了谈婚论嫁的阶段。那一阵她出奇地兴奋，每天和未婚夫跑商场、家具店，拍婚纱照，几乎忘了自己身体先天带来的缺憾。但就在他们婚礼前一周的一个傍晚，两个人刚下了公共汽车，她突然昏倒在路边！

他背起她，疯狂地跑到路中央去拦车，然而没有一辆车肯停下来。他急得嗓子嘶哑，满眼是泪，后来终于感动了一名出租车司机，免费把他们拉到附近一家医院。送急诊、输氧、输液……经过一系列紧急抢救，她终于顺利脱险。醒来时已是三天后，她看见他两腮已经瘪了下去，上面挂满硬硬的胡子楂，英俊的脸庞上带着抹不去的倦意。护士告诉她："这个小伙子已经连续几天没有合眼了！"他摆摆手，示意护士不要说了，然后把一碗精心熬制的鸡汤端到她的面前。

她虚弱地伸出手，握住那双熟悉的大手，说："真的很对不起，咱俩的婚期可能要因为我的病而推迟了！""没有关系，"他安慰她，"你什么时候康复了，我们什么时候再办。反正也不差这几天。"其实，他早已经从医生那里得知，自己心爱的人起码要半年时间才能恢复过来，而且以后反复发作的概率会很高。

她也似乎知道了这背后的一切，没有比病中的女人更敏感的了。半晌无语，她忽然说："其实，现在你还来得及，也许命运在这时候通过我的病告诉你，你的选择是个错误。"

他用小勺盛出一口鸡汤，轻轻凑到她的嘴边，说："不是这样的。我知道，其实，命运是在这时候提醒我，你以后需要我的照顾，需要更加细心的呵护。"

她笑了，小口小口地啜饮着鸡汤。一滴一滴，鸡汤里溅起了浪花。

你的声音

那段时间，他和妻子的关系已经到了崩溃的边缘。如果再这样拖下去，他坚信自己马上就要死掉了，而妻子显然也已经厌倦了这样的生活。虽然没有什么实质性的问题，但两个人心照不宣，小心翼翼地踩在摇摇晃晃的钢丝上。

他在一家杂志社当编辑，每周都要值班接一个下午的热线电话。连续很长时间，他总是会接到一个小女孩儿打来的电话。其实，这个热线根本就不是给儿童开的，但是他不忍心拒绝那个小女孩儿，就在电话里解答女孩儿的问题。不过，女孩儿好像并不在意他的回答，她问了一个很简单的问题，然后耐心地等待他那个很长很长的答案。

这天要下班的时候，他又接到了那个熟悉的电话："叔叔，'克隆'是怎么回事？"他想笑，心情也变得轻松起来了。回答完以后，他决定问一问这个孩子："你为什么总是让我讲，自己却不肯说话呢？"小女孩说："叔叔，我不想浪费听你讲话的时间，你说的每一个字对我来说都太宝贵了。"他不明白这是什么意思。小女孩告诉他："我的爸爸妈妈离婚了，现在我和妈妈在一起，平时很少能见到爸爸。我想念他，而你的声音和我爸爸的声音几乎一模一样！"说完之后，小女孩哭了，那童稚的啜泣一下子击中了他心灵中最脆弱的部分。"叔叔，我要把你的声音'克隆'出来……"

他想到了自己年仅五岁的儿子。他和妻子的那些争执与儿子的笑容比起来，一个是阳光，一个是坚冰，放在一起的时候，根本无法并存。他立即收拾东西回家，准备和妻子推心置腹地谈一谈。

心中有光

这是一家资产过亿的企业。在采访企业高董事长的时候，我发现他的桌子上摆放着一只伤痕累累、绣迹斑斑的手电筒。董事长抚摩着手电筒，讲起了一段往事。

那时，高董事长还是小高，在一家国营工厂里做政工干部。五年时间，他目睹了这家工厂是如何从兴盛一步步走向衰败的。但无论如何，他也没有想到终于有一天自己的名字会登上下岗职工名单。看着那血红的纸上乌黑的名字，他头晕目眩，跌跌撞撞地回到家。

很长时间他都不敢出门。不找工作，也不与朋友联系。家庭的重担骤然压在了妻子身上。妻子在郊区的市场上有一张摊位，丈夫下岗以后，她把摊位收回来自己经营，每天起早贪黑地打理生意。回家的路上要经过一片荒地，没有人家，也没有路灯，只有一趟半个小时一班的公共汽车。那天晚上，妻子给他打电话，自己没有赶上最后一班车，让他去接自己。

他永远不会忘记那个晚上。他费力地蹬着自行车，妻子坐在前面的大梁上，给他打着手电筒。夜，漆黑一片，路，磕磕绊绊。妻子一只手压在他的手上，一只手擎着那只斑驳的手电筒。“你还是出去做点儿事吧。”妻子小心试探着。他不语，像以前一样。车子一晃，手电筒灭了，两个人重重地摔在地上。“你要干什么？”他恼怒地问。妻子站起身，打开手电筒，幽幽地说：“天这么黑，这么大，而手电筒就这么一点儿亮，但只要它开着，我们就能看见光。你可不能让我跟孩子走一辈子黑路啊！”

这句话在他的心里激荡了好几圈，狠狠地撞击着他。他扶起自行车，把妻子搂在怀里……

高董事长说，妻子在他最辉煌的时候却出了车祸，遗像压在办公桌的玻璃板下，天天看着自己。她就像那只手电筒，是自己永远的爱，永远的光。

新年快乐

天已经黑了，外面的爆竹声越来越响，这是他在他乡度过的第二个春节。大学毕业后，他开始在各座城市之间漂泊，这么长时间过去了，最初的豪情满怀逐渐退去，他不再想念家乡，不再对生活抱着幻想。得过且过的日子一天天从指间滑过，他自己也不知道生活的终点会定格在什么地方。

在床上迷迷糊糊睡了一觉，他想起自己应该找个人，哪怕是闲聊几句也行。可是找谁呢？这时候每个人都在与自己的家人团聚，他的电话也许会搅了人家的兴致。应该找与自己同样单身的男人，于是，他试着拨通了一个朋友的电话。电话那边传来了一个苍老的声音："找哪位？"他说："我找×××"。那边愣了一下："你拨错号码了。"他说："哦，对不起。"便挂掉了电话。

他仔细想了想，朋友的电话号码在他脑子里渐渐模糊起来，最后三位数字的顺序怎么也搞不明白。于是他拨通了另一个号码，电话那头十分喧闹，间或有几个小孩子的叽叽嘎嘎声。他说："我找×××。"接电话的是一个中年人："对不起，我们这里没有这个人。不过，祝你新年快乐……"

随着一阵电话的忙音，他脑袋里"嗡"了一声：有人祝我新年快乐！

他再一次拨打重新组合的号码，这一次是一个年轻的女孩。女孩告诉他："你拨错了"。他这一次没有立即挂掉，而是说："对不起，我是一个陌生人，祝你新年快乐！"对面发出一阵欢快的笑："这是我今年收到的最有趣的一份祝福，把一份美好的祝福同样送给你！"

他又拨通了第一次拨打的那个号码，对那位老人说："我是刚才打错电话的那个人，虽然我们不认识，但我祝你新年快乐！”老人笑了：“小伙子，谢谢你，我老伴儿去世好几年了，现在只有我一个人过年。我很想念她。很高兴能与你一起分享这个春节，祝你新年快乐！”

送出了两份祝福，同时也收到了两份祝福。他开始疯狂地拨打电话，随手拨一个号码后，没等对方开口，他就说：“我是一个陌生人，在这个辞旧迎新的日子里，我祝你新年快乐！”无一例外地，他都收到了同样的祝福。一个晚上他一共送出去87个祝福，收到了88个祝福，这其中有一个是孩子的妈妈，那位妈妈向他发出祝福以后，把身边的孩子也叫了过来：“宝贝儿，祝这个陌生的叔叔新年快乐。”

当听到那个稚嫩的祝福声时，他鼻子酸酸的。他感到，生活还没有抛弃自己。新的一年，自己将带着这88个祝福从容出发。

支点

房东大娘的耳朵很背。刚跟她接触时，我打了个哈欠，她赶忙冲我说：“你说什么我听不清，你要大声一点儿！”

后来有一天闲聊，房东老大爷告诉我，大娘的耳朵是在一次病后留下的后遗症。那是一次惨痛的令人不忍回忆的经历。晚上睡觉时煤气泄漏了，大女儿和大女婿双双身亡。大娘由于离门比较近才幸免于难。但是她出院以后伤心过度，大病一场，耳朵就聋了。

不过，我在这个小院子里住了些日子，发现两位老人并没有因为其中一位耳朵聋而生活不便。每天早晨起来，大娘生火做饭，大爷在院子里收拾家什。一会儿工夫大爷就进来吃饭。一切井井有条，按部就班。大爷也从没大声向大娘喊过什么。

后来我终于发现了一个秘密，那就是大爷的耳朵特别灵敏。有一天晚上，我正在屋里看书，大爷忽然敲门进来，问我什么东西在窸窸窣窣地响。我侧着耳朵听了听，再低头一看，原来是一只小耗子正在墙角啃我扔在那儿的苹果核。我刚才读书过于投入，没有注意到。我对大爷的举动有些感到奇怪：这么小的动静，您也能听得到？

大爷对我说："你别看我都70多岁了，论起听力来，你们这些年轻人都不是对手。"我问他以前就是这样吗？他说不是。他是从房东大娘变聋以后，耳朵才忽然之间变得特别灵敏的。

我看着大爷那满头花白的头发，觉得这背后似乎有着什么神秘的因缘。上帝让一个人失去了一件东西，又赋予他（她）最亲密的人双倍这样的功能，两个人依然是一个完整的整体。它是想让这些人获得一个生存的支点吗？我想一想，如果一个人的生命中没有一个深爱着自己的人会怎么样呢？这实在是太可怕了！

父亲接我回家

他常年在外面拍电影，有时在本地，有时在国外，有时则是在飞机上度过。有一天他因病在家里躺了一天，傍晚的时候，妻子高兴地拿着一个大花瓶走到他面前，对他说："我要给你颁发奖杯！"他问为什么，妻子神秘地一笑，说："因为你今天全天都没有出门！"

可想而知，这是一个忙碌到什么程度的人；可想而知，他的儿子跟他见面的机会能有多少。但是，那时儿子毕竟还是个孩子，有着和其他孩子一样的虚荣心。一天，他的助手向他转达了儿子的一个愿望：希望有一天，父亲能亲自开车去接他放学。

这天，他风尘仆仆地下了飞机以后，看看手表，还没到放学的时候，于是开着车直奔学校，连脸都没来得及洗一下。他想给儿子一个惊喜。他打电话告诉孩子的司机："今天你在家里歇着吧，我现在正在学校门口等着接孩子呢！"

时间一分一秒地过去，放学铃声响了。他热切地打量着从门口走出的每一个学生。但是直到所有的人都走光了，他也没有见到孩子的身影。终于，司机给他打来电话："先生，您的儿子正在学校门口等您呢，怎么您还没有到？"他说："我也在学校门口。"司机问："您在哪个学校门口？"他说出某某小学的名字。司机说："先生，您的孩子已经读中学了！"

等他赶到那所中学的时候，孩子已经要步行回家了。他把儿子叫上车，儿子好半天都没有理睬他。他默默地开着车，不知道该说些什么。快到家的时候，儿子带着哭腔说："爸爸，我的同学们都走光了！你来接我还有什么用！"

他叫成龙，一个出色的电影人，一个能为儿子提供优裕物质生活的人。而他的儿子是个普通的儿子，一个只想让别人看到自己的父亲来接自己放学的儿子……

让父亲心里亮堂

我先后参加过三次高考，最后一次是1993年。1992年夏天，知道分数以后，我躲在自己的小屋子里哭了，父亲没有劝我，只是在外面叹气。父亲曾经在恢复高考后的第一年里被一所大专学校录取，但是由于种种原因却没有如愿进入这所学校，最后只得在我们村子里当了一名教师。这件事成了他心中一个永远难以解开的疙瘩。其实，我在初中时已经考上了本县的师范学校，如果那时接到通知后去就读，我可能早就可以养家糊口了。但父亲坚持让我上高中，考大学。谁知，我竟然两次落榜，既没有圆成他的梦，自己也被逼到了人生的悬崖边。这一次，父亲让我再去复读，我犹豫着不知该怎么办。说实话，我已经有点儿心灰意冷。

这年夏天的一天，我的母亲得了急性肠炎，疼得躺在炕上打滚。父亲跑到村子里一个村民家里求助。这个村民家里比较富裕，有一台机动三轮车，车况好，速度快，到乡卫生所也就是10来分钟时间。但是，因为我家里太穷了，人家大概是怕我们付不起车钱，就推说自己家里正在用着，一时脱不开。无奈之下，腿有残疾的父亲只好自己套了辆驴车，把母亲送到卫生所。经过紧急处置，母亲终于转危为安。等父亲把母亲拉回家时，已经是次日凌晨一两点钟了。

那天晚上特别黑，父亲在我们那间狭小的屋子里点了五六根蜡烛（当时我家是村子里仅有的几户还没有用上电中的一家）。我们一点儿睡意也没有。除母亲外，我和父亲、弟弟三个人坐在炕边聊天。弟弟问父亲：“你点这么多蜡干什么啊？”父亲说：“心里亮堂！”父亲这句话对我产生了很大的触动。我好像一下子明白过来：其实我已经是个成年人了，该对别人负责了，我只有考上大学，才能给父亲以最大的安慰，才能让他心里亮堂！

1993年，我被一所艺术学院编导系录取。

去年，我在本市最大的五星级酒店举行了一场风风光光的婚礼。轮到新郎讲话时，我把上面这个故事讲了一遍。许多人默默无言……

老

电台直播间接到一个电话，彼端是一个苍老的声音：“我要点一首歌——《生日快乐》。”平时点歌的都是一些学生。没想到老年人也来赶时髦。女主持人觉得很有意思：“老大爷，您要点给谁呢？”“点给我自己。今天是我的生日。”主持人有点儿意外：“老人家，那您现在在哪里呢？”“在家中，只有我一个人在家。”

哦，主持人明白了。这一定是个孤苦无依的老人。真不幸。

“好吧，一首《生日快乐》送给这位老大爷，虽然只有您一个人过生日，但现在所有的听众都在为您祝福。我们都是您的亲人。”主持人说话很得体。但是老人告诉她：“孩子，你误会了，我有孩子，一个儿子，一个女儿，他们都在这座城市里。”

什么？儿女都在这座城市里，居然不来为自己的父亲过生日！老人接着说：“是的，他们都有不错的工作，但他们太忙了，女儿要加班，儿子要在一个重要会议上讲话，他们实在脱不开身！”

“您真的是一位好父亲，这么理解他们。”

老人哽咽了：“是的，我总是跟他们说，他们还年轻，一切应该以工作为重，把精力多用在自己的事业上吧。我一个人过惯了，没有问题。但是现在我不想这么说了。我是他们生活的一部分，我不该把自己从他们的生活中割裂开来。即使他们事业上真的有了大成就，他们的人生也是不完整的。毕竟，总有一天，他们也会渐渐变老……”

导播间里，那个女导播已经泪流满面，她不知道，父亲执意要跟主持人说的，竟是这么一番话。她想好了，下了班，自己要马上赶回家。是的，时间还来得及。

白发停靠的肩膀

“我愿意和他厮守一生。那时我比他小28岁，我周围的很多人都反对。但是没有比我更了解他的了……”在接受凤凰卫视的记者采访时，著名画家徐悲鸿的遗孀廖静文女士这样说。她已经90岁了，脸上密密麻麻的皱纹遮住了当年美丽端庄的容颜。

“他走后，我很伤心，一个人默默地度过了无数个寒夜。”廖静文说她曾经发誓为徐悲鸿独守一生，不为某种观念，只是因为爱。她孤寂的心灵世界里已经很难再容下其他人。可是，她是一个女人，一个孤单的女人。20世纪60年代，一名英俊的军人曾经走入了她的生活。廖静文没有避讳：“我们走得很近，但是只维持了很短的一段时间。没有人能跟悲鸿相比……”“我感到自己对不起悲鸿，也不知道他能不能原谅我……”面对年纪比自己小了半个多世纪的记者，廖静文坦然地讲出这段往事，如果她闭口不提，这段往事也许就会被时光永久地湮没，没人知道。我们只能说，这是一个经历了风风雨雨的人，看破了一切的人。站在山顶举目四望，她的心里已经没有了任何羁绊。

然而，当记者最后总结式地问她还有什么话想说时，白发苍苍的老人竟然哽咽了：“我只想告诉悲鸿，你知道我心里有多苦吗？我不知道他在那边过得怎么样，如果有一天见到他，我还要靠在他的肩膀上，向他倾诉我在这些年里的苦楚……”

也许，这就是真爱，经历了多少曲折，其实内心里不舍的还是最初那一个人；也许，这就是女人，无论她已然多么超脱，还是需要有一个男人的肩膀供她来停靠……

情牵一生

我不知道自己是如何从小时候的跌跌撞撞过渡为现在的可以四平八稳地走路，在这个过程中，是否有人曾牵着我稚嫩的手，扶着我迈过一堆堆砖头瓦块，亲眼看着我一步步地逐渐迈稳。记忆里从没有出现过这样的镜头。从开始能够分辨人情冷暖时，便是天天跟在父母的后面。母亲冒着酷暑去庄稼地里拔草。她拔得很快，我孤零零地、跌跌撞撞地在后面紧紧跟着，从没敢奢望她能转过身来拉我一把或是把我抱在怀里。父亲也是这样。走起路来风风火火，无论干活还是办事，都要把我远远地落在后面。他们一点儿也没把我当成一根娇嫩的、还需要呵护与关爱的幼竹，我倒仿佛是一块坚硬的石头，随便扔在什么地方，都可以当当响着重新站起来。

大概是在我13岁那年秋天，有一次我和小伙伴们淘气地爬到学校的围墙上去，不小心触着了电线。电线由于风吹日晒已经脱落了皮，一下子把我从墙上打下来，幸亏下面是一堆草，才没摔坏。我当时完全被吓坏了，脸色苍白，眼睛发直。被伙伴们送回家时我还提心吊胆地害怕要被父母责骂一顿。我清楚地记得当时父亲正在院子里劈柴，他听说我出了事，一下子扔掉斧头，冲到我跟前紧紧攥住我的手问："你没事吧？"他的脸上是一种令人心碎的焦急神情。

父亲的手粗糙极了，这种切近的肌肤之亲猛地让我感受到我和父亲之间那种浓浓的血缘关系。我一下子委屈极了，不由得咧开嘴放声哭起来。

从那时我就开始明白，其实从我落地成人的那一刻起，我就从没远离过亲人的关怀。只是，他们整天忙于为自己的孩子挣一份生活的口粮，匆匆间丢弃了一些琐碎的嘘寒问暖。他们的每一声珍贵的追问都是直接关系着我的生命的。而事实上，我和任何人一样，都在被一双无形的手牵着，走向前去。这双手的名字就叫“爱”。

结婚以后，我更加感受到牵手的意义。走在街上，妻子把娇小的手放在我的手心里，我小心地握着它，像握着一颗珍贵的生命之核，直到握出了汗。这时候有风迎面吹来，我们两个肩膀并在一起，仿佛有了无穷的依靠。我和妻子由陌生到相识，再到走在一起，就像两只偶尔相聚在一起的蜜蜂，爱情的绳子把我们拴在了一起，从此以后我们共同品尝生活的味道。我们两个是平等的个体，牵手使我们感到的是另一个的存在。它已经延伸了童年的内涵，让双方意识到的不仅是被爱，更需要的是一份付出，一份责任。

春节时回到家中，我见到了自己的爷爷奶奶。奶奶虽年近80，但身体很好。不过这一次她却显得有些老了。坐骨神经总是阵痛，走路时腿也不太灵便了。小时候在外面闯了祸，不敢回家，往往是跑到奶奶家里去。而奶奶总会大度地收容我，让我在惶恐无依时感到一份宽厚的温馨。但现在看着奶奶那满头灰白的头发，我的心里涌起说不出的苍凉。奶奶见到我显得非常高兴。我把她从炕上扶下来，搀她到外面晒太阳。以前总是奶奶牵我的手，而现在，我却要扶起她的身体了。我蓦地感觉自己的手臂一下子沉重了许多。亲人用他们的手做了我成长的拐杖，爱人在我茫然的日子里和我相依相伴。而在我日渐成熟之后，也该毫不犹豫地伸出自己的手啊。

在这个世界上，朋友、同学、同事，还有许多素不相识的人，都正在走着各自的路。我期盼他们走得沉稳、美丽。但他们肯定会有累的时候啊。那时候，我愿我伸出一双有些瘦弱但非常执着的手，给他们一个永恒的安慰！

第三章

心在远方

月亮照耀青窗，窗里窗外皆有青色的光。不管远方如何声讨你是背信的人，月光下总有一扇青窗，坚持说你是唯一被等待的人。

梦是一道疤

想了解一个人的处境，在闲聊的时候，可以问问他最近做了什么梦，或者他历年来总做什么样的梦。通过这个梦，你就能大致勾勒出该人的生活状态。

正因为梦跟现实有着千丝万缕的联系，有些人学会了拿梦说事儿，常常以梦遮脸。曹孟德怕人搞暗杀，声称自己“梦中好杀人”，提醒别人在自己睡觉时离他远一点儿。画家高尔泰记述，“文革”期间，同住牛棚的人故意在梦中高喊革命口号，第二天问别人是否听到自己的呼叫。抛开这些可悲因素，梦境的确是我们内心一块隐秘的伤。即人们常说的“日有所思，夜有所梦”。

我小的时候，老爹半夜喊无钱还账，被老妈叫醒，问他怎么回事。原来老爹在邻村聚赌，输了一袋面粉，梦到被人追杀。我的女儿有一次被我责打，睡梦里还在哭哭啼啼。我在旁边听了，自责了很长时间。如果说黑夜是白天的延伸，那么梦就是现实生活的一部分，二者密不可分。

有个网站搞了个“买梦”活动，每个人都可以到网站上讲述自己的梦境。一些名人也参与了进来。给我印象最深的是，潘石屹梦见家里的乡亲们给他娶了一个媳妇，一定要他回老家去生活。我想，这对一个身价过亿、拥有美女香车的富翁来说，一定是个噩梦。他在小时候曾经无能为力，深陷生活的泥沼，时时梦想着冲破穷困的处境。后来他终于成功了，但所谓的成功无法让他安逸。夜深人静，他还是被拉回到无助的当年。我身边不少朋友都梦到过忽然回到了考场上，要么丢了笔，要么忘了拿准考证，或者所有的数学题都不会做，只能对着试卷抓耳挠腮。这是一些被高考严重伤害过的人。多少年过去了，他们伤口已经愈合，以为从此与高考无关，可到了晚上，伤口突然疼起来。像一道隐隐的伤疤，只要刻下来，一辈子都抹不平。

与“日有所思，夜有所梦”的功利比起来，“少有所伤，老有所梦”更能体现生活的多元与艰辛。这才是梦的真谛。

我喜欢那些手舞足蹈描述梦境的人。他们恢复到孩子的状态，他们的爱恨情仇，他们的阴暗、善良、无奈、轻狂、可爱、小心眼儿、大悲悯，都可以通过梦中的若干细节解析出来。那是他们完整的人生。相比之下，一个梦都没做过的人则是可怜的，可悲的。

若有人买，我希望把我的梦卖掉，尤其是那些苦涩的梦。既赚到一笔钱，又可以和它们一刀两断。但我知道，即使卖掉了，它们还会在某个晚上重返我的床前，进入我的脑海，跟我纠缠在一起……

恶人反有好人缘

这里所说的“恶人”，不是纯粹意义上的“恶人”。如果一个人邪恶到千夫所指的地步，那么他已经走到了人生的绝路，没人敢站到他的角度说话，人们就像躲避瘟疫一样离他远远的，生怕一不小心跟他发生了关联。而事实上，他的邪恶也远远超乎我们的想象，非亲历不能感受得到。因此他不是我们谈论的对象。这里所说的“恶人”，指的是那些常常存在于我们身边的这样一群人：他时不时就蹦出来恶心你一下子，让你难受一阵。你跟他打招呼，他装没看见，在众人面前给你难堪；同样的话，从他的嘴里说出来就特别不中听，有人说你最近生活很安逸，他会说：“不就是长了一身肥膘嘛！”他丝毫不顾及别人的感受，在公共场合冲着手机大喊大叫，你一指责他，他立马跟你翻脸；捅了娄子，他毫不客气地把责任推到别人身上，连一点儿谦让和自责的表示都没有……这些人就生活在你的圈子里，你想躲还躲不开。同时他们又没犯什么大错，绳之以法显然还不够格，就是找人揍他们一顿也似乎不值得。他们就像苍蝇一样嘤嘤嗡嗡，挥之不去。

在一个酒桌上，大家喝多了酒，开始对一些熟悉的人评头论足。说到某甲，都说这个人不错，最近把自己家的暖壶拿到办公室里来给大家用；提到某乙，有人就不置可否地叹口气，笑一笑。其实，某甲就是一个不折不扣的“恶人”，而某乙宁可自己冒着瓢泼大雨走回家，也要把自己的伞让给别人。只是最近某乙一个科研成果获了奖，大家张罗着让他请客，而家境贫寒的某乙犹豫了好几天，大家便开始生他的气：“真是小气鬼！”也正因此，在讨论的时候，很多人甚至认为某乙还不如某甲。

为什么“恶人”比一定意义上的好人（或说老实人）似乎更有人缘呢？这是因为，“恶人”爱无事生非，无理取闹，人们和“恶人”一打照面，马上产生戒备心理，做好被侵犯的准备，而“恶人”只是看了你一眼，不声不响，跟你擦肩而过。他居然没有侵犯你！这足以让你庆幸乃至要感激他了；一个好人天天帮你做这做那，忽然一天他停止了这种义务，你立刻就会感到不适，甚至产生怨愤。就像某乙，人家不请你们吃饭，是人家自己的事，但是某乙哪里知道，占绝大多数的不好不坏的人都有这种心理定式，即“好人天生欠我们的”“我们天生欠‘恶人’的”“好人不做好事简直是大逆不道”，而“恶人”不做坏事大家就一齐念阿弥陀佛！

中学课本里有一篇文章，一个叫周处的“恶人”，洗心革面，杀了几头祸害老百姓的怪兽，被当地人广为称颂。过了这么多年，还被人记着，甚至写到了课本里。但是从那之后，周处是不是常常做好事，不得而知。

我斗胆说一句，狗若改了吃屎，绝对不是一朝一夕的事，如果周处能够像一个正常人一样，不做好事也不做坏事，我就认为周处是一个伟人；而我经常遇到的，是那些灵光一现，偶尔能够推人一把的“恶人”。这就已经足够了。我们所说的浪子回头，其实也就是“恶人”只做了一件好事，没有人敢指望他们后半生真正变成另外一个人。但是，恶人做一件好事会被人记一辈子，好人做一件坏事也会被人记一辈子！你说，谁更吃亏？

人们面对这些追问时是很尴尬的，于是他们会找一些字眼来形容“恶人”，比如“有个性”啦，比如“刀子嘴豆腐心”啦，比如“没心没肺”啦，等等，很多是一些明贬实褒的语句。“那人是有点儿小毛病，可是……”这个“可是”后面的内容可就丰富多了！但是他凭什么用“刀子嘴”伤人？如果别人也用“恶人”的方式去对待“恶人”，“恶人”是否能够安之若素？

恶人求人办事的时候，理直气壮，被求的人也像得到奖赏似的，马上就为他办好。这是因为，“恶人”平时不容易跟人打交道，很多人对“恶人”有厌烦心理，但又本着多一事不如少一事的原则，不想跟他们闹僵，因此，尽力为“恶人”做点儿事，就是示好的最佳机会。而为好人办事时，人们可以不必这么费尽心机，反正他也不能把自己怎么样，最多自己去生一会儿闷气。因此“恶人”的生活总是如鱼得水，自在潇洒，这也促使他们更加乐意保持自己的“个性”，而好人虽然压抑憋屈，满肚子苦水，可也无处可诉，只是本性难改，唯盼来世也做个滋润的“恶人”。

悠悠大嶝岛

大嶝岛，虽然名气不大，地位却重要。它坐落在金门和厦门的三角地上，距金门岛比距厦门岛还近。现供职于厦门翔安区委办公室的张再勇先生，世代居住在大嶝岛，他赠我一本近作《金翔风姿》，里面记述，大嶝岛历史上隶属于金门县，抗日战争时期，金门岛沦陷，金门县政府一度迁到大嶝岛办公。1949年后，金门、大嶝两相隔，但大嶝居民还是习惯在籍贯一栏填上“金门县”。这天上午，我站在大嶝岛岸边，零距离打量对岸的金门，非常真切地感受到什么叫一家人，太近了，实在太近了，简直是咫尺之间。如果没有那场战争，两个岛上的居民本可以像一家人一样你来我往的！

大嶝岛上战争遗迹很多，还有一个专门的“英雄三岛战地观光园”，所谓三岛，指的是大嶝、小嶝、角屿三个离金门最近的岛屿，其中角屿离金门仅1800米！

战地观光园中，有很多别具特色的景物。进门处，修成碉堡模样；路标，是用炮弹做的。最让人震撼的，是一架一人多高的大喇叭，号称世界上最大的军用喇叭。后来查资料才知道，这架其实是仿制的，原物放在北京，上面被打了180多个洞。这架喇叭专门用来向金门守军喊话。当时，双方除了枪口相向，攻心战也是重要战术之一。国民党军队的喇叭多，解放军的喇叭大。你喊我也喊。播音员声音异常柔美，对瓦解对方军心确实产生了作用。据说当年有的士兵从对岸游过来投降，就为了看看播音员长什么模样。也有感人的故事发生：国民党撤退前，从厦门沿海带走了许多船夫、壮汉。一位叫张阿签的妇女，其丈夫也被国民党带走了，张阿签经常在广播里哭诉：“家里老的老小的小，没有一个男人依靠，你让我怎么过活？”几年后的农历腊月二十八，张阿签的丈夫果然冒着生命危险，抱着一口倒扣的大锅，游回了小嶝岛。幽默的事也有，有时天气不好，这边的播音员从望远镜里看见金门守军晾着被子，就通过广播对他们喊“要下雨啦，大家快收被子吧”。

人们记住的这些故事，看似轻松，却无法消解当年的惨烈。一个大喇叭上被打180多个洞，想一想，那是怎样一种必置对方于死地而后快的对峙！

现在，两岸展开了以和平为主轴的密切交往。大嶝岛上出现了全国唯一一个专卖台湾产品的“对台小额商品交易市场”，因为免税，所以价格合理。几乎所有的摊位上都有“金门三宝”：“贡糖”“高粱酒”“菜刀”。贡糖不提了，专说后两个。1950年，退守金门的士兵中，有很多山东人、河南人、河北人，他们出身农家，擅种高粱，而金门旱地，又很适合高粱生长。收获之后根本吃不了，只好酿酒，结果酿出了全世界都有名的好酒。菜刀则是就地取材。这边天天向那边打炮，炮弹皮覆盖了厚厚一层，均为精钢，打制成菜刀，质量上乘。可惜飞机上不让带酒和刀具，否则，买几瓶上等高粱酒，捎两把菜刀，回来送人，真是不错的礼物。

我买了10多个不锈钢化妆镜，几袋小食品和一条香烟。台湾小食品精致、小巧、口感细腻。生产地为“南投县”“金门县”“桃园市”等，这些名字，让我仿佛见到熟人。我喜欢看中央电视台的《海峡两岸》节目，对这些地名耳熟能详。而且，当地百姓很具闽南人特有的古风。要价不会太离奇，砍价的余地不大，我付账时，把两张100元的票子当成100元递给女老板，老板捻出一张还给我。当时我正低头看货，如果她不说，我根本发现不了。

《海峡两岸》节目中曾探讨过研拟中的金厦大桥，台湾名嘴说，目前有三种方案，最佳的一条，就是修一座大嶝岛至金门的大桥，因为大嶝已建有连接大陆的桥，这样，两岸就彻底连接在一起了。至于建桥费用，双方似乎都不差钱。金门人和厦门人等待了很久，但台湾高层迟迟不愿深入讨论，可能还是有所疑虑吧。这个问题，在当事人那里是心腹之患，可在后人那里，是什么呢？

汽车驶离大嶝岛，回首望去，她和金门岛渐渐重叠，连在了一起……

鼓浪屿上的字

鼓浪屿是个小岛，乘船到厦门本岛只需10来分钟。然而因了那首《鼓浪屿之波》，这个只有数千常住人口的岛屿广为人知。我向往鼓浪屿，却是因为两个写字的人：舒婷和连岳。一个地方，如果没有人，没有我们尊敬的人创造的文化，风景再美丽，也只是一幅死寂的画。

因此，上岛之后我很注意看“字”。“字”是最表象最直接的文化，粗鄙或精致，读“字”即一目了然。最先映入我眼帘的是“私人住宅，非请勿进；狗不怕你，你怕狗吗”，这几个字写在一栋别墅的墙上，一点儿也不生硬，却又拒人于千里之外。鼓浪屿上有1000多座别墅，绝大多数属私人所有，且并非为今日暴发户所建，而是经历了上百年的风霜，每栋别墅都有一段厚重的往事。主人有的是老居民，有的是外商。我问本地朋友，这些别墅一直为私人所有吗？自然，我没得到答案。但我想，物质若能顺利地穿越时空，其精神本质自然也会保留一些。起码从这几个字里，我看到了“礼貌”和“自我”。一个连自我都没有的人，还如何空谈别人？

而舒婷家的别墅门楣上只有“陈家园”三个简单的字，古香古色，颇似老上海的“沈园”“王宅”之类。据说，这是舒婷丈夫陈仲义的祖产，斑驳的红楼，凹进一个胡同深处，中华路13号，不是很显眼。正好一个旅游团经过，导游向游客指点：“知道舒婷吗？这就是舒婷的家。”我在门口拍了张照。如果这时候舒婷出现在阳台上，我会向她打个招呼。

舒婷的前邻是个姓谢的小伙子，在自家的别墅里开了间很小资的咖啡店。我们在里面小坐片刻，喝了小谢免费赠送的英式红茶，然后在院子的摇椅上吸烟聊天。太阳正当头，却下起了细密的雨，唰唰唰，唰唰唰，雨和树叶交头接耳。叶子绿得刺眼，花儿五颜六色，青石小路干干净净，游人安闲自在，出门看到蓝蓝的海——这就是鼓浪屿。难怪我们步出钢琴展览厅的时候，看到廊墙上有这样几个字："不管看到外国怎么好的景色，都觉得最美的还是鼓浪屿——许雯平"。许雯平是著名钢琴家，而鼓浪屿又是著名的"琴岛"，平均每三户人家就有一架钢琴，著名指挥家郑小瑛和她的乐队每周末都在广场上为游客免费演出。鼓浪屿上的人热爱音乐，崇拜音乐家。年仅49岁就过世的许雯平，大概在这个美丽的岛上很容易找到家的感觉吧？

鼓浪屿上还有一个音乐厅，掩映在绿树丛中。这里经常举办各种规模的音乐演出。我看到，"鼓浪屿音乐厅"六个字下面的落款竟是"李慎之"。李慎之当过中国社科院副院长，但这不重要，重要是他的思想家身份。在知识界，他和王元化被尊称为"南王北李"，为推动思想启蒙、社会进步做出过巨大贡献。抚摸着"李慎之"三个石刻小字，我心里起伏难平。在国内，还有哪个地方留存着思想家的墨迹？

因此，这个地方能出现连岳这样的思想者，或曰连岳愿意长居于此，也就不足为奇了。连岳的住址我们没有刻意去找，其实找到了又怎样？次日的酒桌上，《厦门日报》一位朋友说，连岳以前是他同事，坐对桌。我说，我给他写过一篇书评，发在《南方都市报》上。朋友说，连岳不爱出席酒宴，但有这个渊源，叫他一下，他会过来的。我连说不用不用。写字的人，给他足够的安静，在他不愿意热闹的时候，别去打扰他，这就是对他最大的尊重和爱。我愿把我的尊敬送给他。

鼓浪屿上最著名的景点其实是日光岩。这是郑成功当年操练水军的地方，因此与郑成功有关的遗迹特别多。较有气势的，应是蔡廷锴的一首感怀之作："心存只手补天工，八闽屯兵今古同。当年故垒依旧在，日光岩下忆英雄。"不远处的石头上，同样刻着一首诗作："劲节孤忠久寂寥，海山遗垒未全消。高台月皎霜寒夜，仿佛如闻白马潮。"调子不如蔡廷锴昂扬，甚至带有一丝感伤，但你不能不承认，后者比前者更深地参透了人生。这首诗下面落款是“民国九年　汪兆铭”，汪兆铭即汪精卫。转过去，看到一尊弘一法师（李叔同）的打坐雕塑。1936年，弘一法师曾在日光岩寺闭关修行。他的身旁，刻着八个金光闪闪的大字：“华枝春满天心月圆。”

赳赳武夫，悲剧性人物，了悟一切的高僧……他们和谐地聚集在日光岩周围，并无突兀之感。这是历史，这是曾经的存在。人为抹杀的，都掺杂着私心。

陪同的朋友问，你看日光岩海拔有多高？我说也就四五百米吧。朋友说，其实只有99米高。而我仰望着它，感觉头晕目眩。多么美丽的鼓浪屿啊，山不在高，视野宽阔就好；海不在深，有容乃大……

大明湖畔铁公祠

深秋的清晨，我从济南火车站乘11路公交车来到大明湖。天气一点儿都不冷，微风温凉，如同少女的手拂面而过。北门门口，两个清扫工正在热烈地议论着什么，晨练的人穿着各式稀奇古怪的衣服，悠闲地走来走去。进门以后，满眼都是古旧气息。影壁墙上的石刻人物皆峨冠博带；石板路斑驳而朴素的白，映照着苔痕活泼的黑；小巧的石拱桥，停泊在湖畔，默不作声，大概有些年头了；栏杆与大片大片垂柳一静一动，相映成趣。本地人或已熟视无睹，对于初到此地的人来说，却不得不迅速调整思维，把自己放进另一个情境中去。

这，正是古迹的魅力。

此前曾两次到济南，都与大明湖擦肩而过，很是遗憾。这次趁开会时机，特意在济南停留一天，专游大明湖。有人说，不就是一个湖吗，有什么看的？没错。湖水，跟其他水没有区别，H_2O而已。一汪水被一把土圈起来，加上周围一排树，此情此景随处可见。但人比水重要，刘鹗笔下的《老残游记》，老舍笔下的济南风景，都提到大明湖，一汪普通的水就沾上了人文的气息。湖水只是一个载体。北极阁、南丰戏楼、铁公祠，散布在大明湖周围，共同铸造了大明湖这三个字。而铁公祠尤其是我要去的地方。

铁公祠为纪念铁铉而建。网上查到的资料显示：铁铉（1366年~1402年），明初河南邓州人。燕王朱棣与侄子争夺帝位，以讨伐主张削藩的大臣齐泰等人为借口，从北京发兵南下“靖难”。兵至济南时，铁铉在大明湖南岸誓师，抵抗燕军南下，几次挫败燕军。当燕军炮火攻城时，铁铉令人在城上竖起朱元璋的牌位，使燕军不能开炮，还设计诈降，在城门上预设铁板，待朱棣领军进城，铁板骤落，差点儿把朱棣砸死。朱棣久攻不下，只好撤兵。建文帝朱允炆闻报，擢升铁铉为兵部尚书。建文三年（1401年），朱棣再次兴兵，绕过济南，攻下南京，自立为明成祖。然后发兵复取济南。铁铉兵败被俘，朱棣亲审铁铉，铁铉坐在地上，大骂朱棣叛逆。朱棣先后割下他的舌头、耳朵、鼻子，然后投入油锅，死时年仅37岁。

铁公祠没有开放。其实只是一座不大的房子，我透过窗子往里面看了一下，也没看到什么。想想，不外雕像、手迹、历代名人的献词之类。以今天的眼光打量，铁铉可称为愚忠代表。朱棣和朱允炆的叔侄之战，更像家务事，不足与外人道也。臣子跟了谁，都是吃香喝辣，还是那个大明王朝，还是老朱家的天下，臣子亦无名节之损失。所谓忠孝，该不该，值不值，这些都是很大的话题，非一言半语能说清。但可以为之献身的东西，你能说它对这个人不重要吗？你能不佩服他的执着吗？你能不感慨他对理想的坚持吗？一根筋精神，在任何一个时代，都是重要的难得的精神资源。因此，我把铁铉称为理想主义者。

铁公祠前的红柱子上有一副对联：“湖尚称明问燕子龙孙不堪回首，

公真是铁惟景忠方烈差许同心。”有人说，这是清朝撰联者在感慨世事无常。我却将它理解为对明朝龙子龙孙的嘲讽：臣子们抛头颅洒热血，你们依然吆五喝六，世代享福，晚上拍着胸脯合计合计吧，你们这帮不成器的家伙。你们倒台了，那是活该。

大明湖水微波荡漾，已不见当年金戈铁马。老太太们拿着长剑，随着音乐，翩翩起舞。老大爷们有练太极拳的，有拿着水笔在石板上写字健身的，他们每天来到这里，把铁铉当成了身边一道风景。铁铉，就像湖畔的栏杆。石栏似乎很坚硬，但一辆卡车随时就能把它撞断。可是，你依然要佩服石栏的责任心，它起码可以阻挡一个幼童跌入水中。垂柳则随风摇摆，左右逢源。一个映照另一个，两者相对无言。石栏从不声张自己的高尚，它就是想这么做，如此而已。

铁铉常年站立在这个地方。他的故事，他的刚硬，能不潜移默化地影响本地的风土人情吗？

大明湖像明亮的眼睛，安静地看着人来人往……

烧饼与小豆腐

在出租车上，司机告诉我：“到了我们淄博，一定要尝尝周村烧饼。”周村名为“村”，实际是山东淄博市的一个区。淄博市政府在张店区，淄川、博山、临淄、周村等其他区，离张店很远，更像是各自为政的几个县城。在当地人眼里，淄博是个集合体的概念，不如周村、博山、临淄等小圈子化的名称亲切。

第二天下午，我们随当地的朋友去周村古街参观，听说可以品尝到周村烧饼，立刻来了兴致，问他们周村烧饼有什么特点。朋友说：“你已经吃过了。”我奇怪。他说：“早晨在宾馆吃自助餐，看你拿了两张烧饼。”

我却怎么也想不起来，好像是喝了一碗粥，夹点儿小咸菜，外加一个茶蛋，几个锅巴一样的东西。莫非，那锅巴就是烧饼？不对，烧饼嘛，起码应该是饼，厚厚实实的，有嚼头，扛饿。记忆里没有吃过什么“饼”。

著名的周村烧饼店，装修得古香古色。制作间里，一个妇女把一个个鸡蛋大小的油汪汪的面团拿起来，搓一下，沾上芝麻，放进烘烤炉里，旁边，一个个“周村烧饼”就新鲜出炉了。果然是我早晨吃的锅巴样的东西。很难用文字描述其特点，非亲眼见到才行。热情的主人买来一摞摞烧饼，装在精致的竹编篮子里端上桌。烧饼均巴掌大小，薄、脆、香。我们围成一圈，两个手指小心翼翼将其夹起，嘎嘣儿嘎嘣儿嚼着。依我看，周村烧饼与其他烧饼的最大不同在于，它是零食，不能充饥。其他烧饼是果腹用的，周村烧饼是吃着玩的。

忽然想到，这样的烧饼虽然好吃，其实技术含量不高，人人都可以做。为什么偏偏领我们到这一家呢？扫视一下，看到该店显眼处标着两行字：“青岛啤酒”就是“青岛牌”的啤酒，“周村烧饼”就是“周村牌”的烧饼。哦，“周村”两字原来已被注册了，不再是个地域概念，而是商标。这个比喻很精炼，即，此乃正宗、别无分店的意思。不知我在宾馆里吃的是否是该店生产的。到街上转转，很多烧饼店，做的烧饼跟我们吃到的差不多，但都没用周村两字，大概是恐引起版权纠纷吧？

几日后返乡，晚上在淄博火车站前找一饭店。服务员拿上菜单，见有“博山小豆腐”。这个“小”字吸引了我，遂点一份。小豆腐者，一定白白嫩嫩，清清爽爽，拌点儿香油以及本地特有青菜，想想就满口留香。等端上桌来，才发现是一份汤类食品，类似疙瘩汤。向服务员询问做法。答曰，先把海米炒香，以葱花、油、盐、青菜末炝锅，加水，把豆腐捏碎，放进去煮熟，即为博山小豆腐。为什么以博山命名？答曰，博山人喜欢这种吃法。我喝了一小碗，味道不错。

可想而知，这种“小豆腐”，应该还没被注册，每个饭店都可以自称为“博山小豆腐”。

由此想到各种饮食的民间性。若周村街上都说自己是“周村烧饼”，诚然鱼龙混杂，良莠不齐，但竞争之下，精益求精，才有超越的可能。而食客吃一次难见烧饼全貌，非逐个品尝后才有概括总结的资本。这逐个品尝，是多么惬意享受的过程啊。民间与庙堂，总是一对矛盾的整体。博山小豆腐尚无垄断，自由发挥的空间还大，我希望下次到淄博，碰到更好吃的一家。

干净

去过韩国的人常常感叹，韩国电视剧中都是帅哥美女，为什么在首尔街头转上半天，却见不到一个美女？莫非电视剧中都是假的？我想，他们应该到延吉来看看。延边朝鲜族自治州是中国境内最大的朝鲜族聚居区，延吉是延边的首府。

延吉街头美女遍地。让人忍不住要作一首打油诗：“延吉姑娘脸蛋圆，白白净净好容颜。即使不能亲芳泽，多看几眼也解馋。”延吉女孩子的美，绝少韩国女子的浓妆艳抹，“丽质本天成，天然去雕饰”，淡妆，松松垮垮的衣裤，或者牛仔八分裤，露出半截雪白的脚踝；头发简单地盘在脑后，或者随便地披在肩头，迎风一吹，飘逸洒脱。俗话说，“一白遮百丑”，延吉的女孩子普遍白皙、清爽、干净。这种美，耐得住品，值得久久回味。好女孩儿不一定惊艳，但一定要干净。

不过，延吉街头的女孩子也不尽是朝鲜族。迎面叽叽嘎嘎走来一群，你很难分清哪个是朝鲜族，哪个是汉族。她们的模样都差不多。有的人看上去是典型的朝鲜族，一问，却是汉族；而像汉族的那个，却是纯正朝鲜族。我们只能说，由于常年混居在一起，饮食习惯、生活习惯互相影响，大家已经你中有我，我中有你了。正所谓“一方水土养一方人”。

本地人说，汉族受朝鲜族影响最明显的，应该是“爱干净”。朝鲜族爱干净几乎到了洁癖的程度。屋里屋外一律整整齐齐，纤尘不染。他们以水为净，什么都用水擦。桌子、窗户，天天擦，时时擦。衣服即使再破再旧，也要洗出原色来。老年的朝鲜族女人，弓腰驼背者比例很大，据说，都是因为年轻时常年在冬天用冷水洗衣服，也没防护措施，伤了身子。早年间，朝汉儿童吵架，双方各不相让，朝鲜族儿童就骂汉族儿童“脏”。在他们心目中，脏，是个很要命的词汇。

如今，爱干净的习惯在延吉已经深入人心，到饭馆里去，无论老板是朝鲜族还是汉族，不管饭馆规模多大多小，一律窗明几净，让顾客心里十分亮堂。在一家饭馆吃早餐时，老板正在收拾桌子。同伴提醒我：“你看他的抹布！”我一看，老板手中的几块抹布，雪白雪白的，折叠得方方正正，而他依然在清水里认真地洗啊洗，擦两下，就洗一会儿抹布。擦完一张桌子，抹布仍干干净净。老板说，饭店稍微脏一点儿，根本就没人进来。想想在其他城市，经常遇到的油腻的桌面，随处乱泼的脏水，就愈加体会到延吉的独特性。

整个延吉，屋子里干净，大街上干净，街上的人更干净。城市的大街小巷都是浴池、洗浴中心。经常看到两个年轻人搀扶着一个老太太或白发老头从洗浴中心里走出来，或者父母带着年幼的孩子蹦蹦跳跳走进去。洗浴观念早已深入人心。

在西市场门口，碰见一个四五岁的小男孩正在发脾气。男孩的妈妈拉着他。两人用朝语对话，不知道他们在说什么。小男孩赖在那里不走，哇哇大哭。可他并不是一把鼻涕一把泪，只见两行清泪汹涌而出。他的妈妈轻轻一擦，脸上就干干净净了。

他们的干净真是无处不在。

纪念碑

唐山很繁华，比起河北省的省会石家庄来，身上更多了几分都市的味道。街道大多不宽，汽车和摩托车并行，但大家都在有条不紊地各行其道，没有急三火四。路边的早餐摊点上正在炸油条，有几个人悠闲地排着队等候着。可以看出这是一座平和而又蕴含着人间烟火的城市。

我们的车一路开进河北理工大学。这里有一座唐山大地震后留下的唯一建筑物。1976年那一场空前绝后的灾难几乎把这座城市劫掠一空，20多年后，一条条街道，一幢幢楼房，重新排布在这片土地上。曾经的狼藉被空寂的风吹走了，整座城市仅留下这样一个原始的记忆。尽管事先有心理准备，但我还是被眼前的画面震撼了。我无法具体描述它的形状，我只能说，那很像一个人的尸体，肉已经腐烂，残存的骨头支棱在天空下。微风轻拂，四周的垂柳扫在脸上，跟这种凝固的惨烈形成了鲜明的对比。导游说，这幢现在七扭八歪的楼房刚刚盖好时，原本要做河北理工学院（河北理工大学的前身）的图书馆，是当时为数极少的混凝土结构的建筑，十分坚固。但在巨大的震荡下，它生生平移出20多米，然后轰然倒地。而它旁边的书库原本是四层，我们看到的却是三层，因为同样的道理，这座楼上面的三层脱离最下面一层，砸在地面上，从旁边看去，好像它原本就是这样。我忽然记起，一篇关于唐山大地震的文章中曾经有过这样的记载，一个人的腿被预制板压住了，由于无法施救，这人在狂躁中用斧子砍断了自己的大腿，最终因失血过多死亡；一些人被挂在高楼上，有气无力地喊着救命，下面的人却完全麻木了，任由他们被风吹日晒，死亡，腐烂……

零落的楼板，巨大的碎石块，它们不说话，但是仿佛已经说出了所有的话。楼骨架上支起了几根铁架子，导游说，那是政府担心它突然倒塌发生危险，几年前才专门支上的。

离开校园，车子继续行驶在唐山的大街上，时光似乎已经抹杀了一切，一个衣着光鲜的妇人在和一个卖水果的人吵架，超市门口停满了豪华轿车。当年那些幸存者正成为这座城市的中流砥柱。唐山还要记忆吗？我陷入一种说不出来的情绪中。这时导游说，大家往窗外看看，会发现唐山的高楼很少。我们抬头一看，果然，楼房虽多，却都那么自觉地贴近地面。哦，这仍然是一座悲情的城市，它还要生活，不愿意被阴影永久笼罩，但它的隐痛和恐惧却一不小心就暴露了出来。

明天

天很冷，我们几个等车的人哆哆嗦嗦踏进车厢，分头找座位。

我靠窗坐下，打开一本书，就着昏暗的灯光翻起来。忽听身后啪嗒一声，好像是打火机的声音。回头一看，真的是打火机。在我斜后方，一名女士已经点燃了一支烟，深吸一口，把打火机放进兜中。

我一愣，这是公共场合啊。

司机关了灯，车厢里更暗了。那女人大概30岁，或者有40岁吧，看不清楚。她大口大口地吸着，刺鼻的烟味弥漫在车厢尾部。

我想制止她，但又不是只有我一名乘客，我何必多嘴呢？一个五大三粗的莽汉奔到她旁边的空座上，提鼻子嗅了嗅，什么也没说，转身换了个座位。而吸烟者周围的其他人，个个无动于衷的样子，果真是事不关己，高高挂起。

司机发动汽车，回头往后面瞅，忽然大叫了一声。我以为他在制止那女人吸烟。却见一名军人站起来，走到投币箱前，往里面扔了个钢镚儿。原来他忘记了投币，司机让他补票呢。

而后面的烟气越来越重，女人还在一口接一口地吸着。我心里说，这都什么素质，公共场合禁止吸烟，如此基本的原则都不知道吗！我也恨自己，为什么不敢站出来！司机可能没发现，也可能发现了却不在意，但车厢内有人吸烟，他就应该负责，我若问一问司机："车上难道可以抽烟吗？"就会提醒他负起自己的责任。我的嗓子痒了好几痒，最终没说出口。我想不出假如我真的问了司机，司机会做什么反应，吸烟者做什么反应，其他旁观者做什么反应。不过可以想到的是，无论做什么反应，都对我没有好处。

算了，我也高高挂起吧。

女人咳嗽一声，扔掉了烟头。借着明明灭灭的路灯，我看到她垂下脑袋，然后，趴在身边的一个包裹上。

她的身子随着车厢的晃动，也跟着一晃一晃。烟雾已经散尽，有一点儿淡淡的酒气飘荡在车厢中。这是从那个女人身上发出来的。其间，还夹杂着几声低微的啜泣。

莫非，她遇到了什么为难的事？

她大概很累了，啜泣几下，就无声无息了。身子完全在跟着汽车的颠簸起伏而起伏，她睡着了。

她不再是一个嚣张的吸烟者，而是一个楚楚可怜的人。她趴在包裹上，显得那么柔弱。

看她的样子，我忽然有点儿难过。如果，我的姐姐或者我的妹妹也这个样子，我一定为她们担忧。

是什么样的困境让她如此沮丧？她到底喝了多少酒？到底难过到什么程度？还能够超脱出来吗？

她刚才抽烟带给我的不快已经消失殆尽。我甚至想，如果她吸一支烟，心情能好一些，那就再来一支吧。

公交车过了一站又一站，不断有人上车，有人下车，唯独她趴在那里，像一根随波逐浪的草，任人载到什么地方去。

她应该在哪站下车？是不是已经坐过站了？

我也要下车了。下车前最后看了一眼那个女人。她一动不动地趴在包裹上，睡得很香。幸亏这是一辆公共汽车，到了终点站，司机会叫醒她的。她下了公共汽车，或许会原路返回，或许会打车去自己的目的地……

唉，不想那么多了，谁知道这究竟是怎么回事呢！我只能祝愿她晚上回家睡一个好觉，明天阳光灿烂，扫尽她心中的阴霾。

我们只是擦肩而过。

她也许不知道，这个晚上，我都在为陌生的她担心……

父亲的黄金

今天就是父亲节了，我在河北老家的父亲，大概还不知道有这么一个节日。但是今天我要整理整理自己的成长历程，把跟父亲有关的事都回忆一下。在我的记忆里，父亲除了粗暴，似乎再无其他，但岁月淘尽了沙粒，留下点点黄金。我把这黄金呈现给我的父亲。

父亲是个最普通的农民，感情粗豪，健壮有力。我方方正正的脸庞随他的长相，性格上虽有自己的独特的东西，但更多的也是随他。比如，我父亲爱看书，他小学四年级文化，却喜欢捧着繁体的《今古传奇》读，我呢，小学时就磕磕绊绊地读了许多名著；我父亲爱动感情，人家出殡的时候呼天抢地，他在旁边看着，也跟着涕泪横流，我呢，看电影经常被感动哭了；他不甘落后，冒着巨大风险在村子里第一个承包苹果园，结果一举成功，发了点儿小财，靠自己的力量供大儿子读完了大学，给二儿子盖了房子娶了老婆，我呢，从来就相信这样三个字：我能行；父亲勤奋好学，请专家给我家的苹果树剪枝时，他连续一个月在旁边偷着学，结果一年后就可以自己剪枝了，我呢，明白只有写字才能改变自己的命运，于是无时无刻不在写，终于靠一支秃笔挣得了令自己满意的生存资本；他心软，即使是他极度讨厌的人，几句好话，就能哄得他为人家卖命，我呢，几乎没有把任何人当成过敌人，不喜欢，离远点儿就是了。这些，只是我现在总结出来的，小时候，我体会最深的还是他的暴力。他把我当成了私有财产，随心所欲地揍我，怎么说呢，我小时候确实很淘气，但不见得一定要揍我一顿才解决问题。他经常对我拳打脚踢，有一次甚至拿着粗大的擀面杖向我扑来，我撒丫子就跑，他在后面狂追，估计后来是把他累坏了，他急中生智，扔出了那根擀面杖，结结实实地打在了我腿上，差点儿把我打成残废。幸亏，母亲经常护着我，虽然在父亲暴怒的时候，她也不敢说太多的话，但我感觉得到，她一直在尽自己最大的努力缓解冲突，我能囫囵个儿地活到今天，母亲功不可没。

那个时代，在我们那里，基本上家家户户都是这种管理方法，家长没觉得有什么不妥，我们也认为是天经地义。而在我读的很多文章中，都是父严母慈，家庭恩爱和睦，我呢，却在不安和恐惧中度过了童年。因此，我常常把文学作品中的那些父亲形象安到我父亲身上，作为心理安慰。我坚定地认为自己应该有一个爱我疼我的父亲，可惜，他被窘迫的生活压抑着，没时间雕琢爱心。

小学毕业，我考上了重点初中，住校。这所中学位于阜城县古城镇，距我家20多里地，每个月放一次假。我买不起自行车，父亲每月来接我一次。也就是说，我一个月才能和家人见一面，小小年纪，孤身在外，当然很想家。一个萧瑟的秋日，下课后，我和堂弟建华到古城镇唯一的街道上闲逛。刺骨的小风飕飕地刮着，昏黄的太阳恹恹地挂在很远很远的地方。天快黑了，整条街道，几乎没有什么行人。我俩走了一会儿，看见路边一个人，袖着手，低声喊着：“苹果，苹果，买苹果不？”那声音很熟悉，定睛一看，竟然是父亲。建华喊了声："叔！"父亲一看是我俩，笑着拿出两个苹果，用手抹了抹，递了过来。农闲时，父亲在附近的乡镇卖水果。但他很少到古城来。自从我到古城中学读书后，他就经常来这里来摆摊，此后三年，我多次在古城街上看到父亲。那时学校里的伙食很差，他从来没有说过要和我在外面的饭馆吃一顿，而我同样不会表达自己的情感，不知道该跟他说什么。我们在离家20多里远的地方相见，也就是打个招呼，说几句闲话，父亲接着卖水果，我则赶紧回学校。

初二时，早熟的我开始暗恋一个女同学。青春期的骚动把我畸化成了一个彻头彻尾的坏学生，我和好友史志勇一起抽烟喝酒，一起逃课去看电影，一起商量给那个我暗恋的女同学写信。我在报纸上发表过作品，是学校里的名人，这些事对我造成的负面影响巨大。班主任很生气，多次批评我。我觉得压力很大，于是和志勇开始策划转学。后来，班主任让我和志勇把家长叫来，当老爹一身灰尘地走进老师的办公室，我发现这件事闹得越来越大了，为了摆脱自己的窘境，我更加坚定了要转学的念头。父亲把我撵出来，跟班主任谈了一下午，最后，班主任还是把转学通知交给了父亲。傍晚的时候，父亲来找我。那天很冷，我俩踱出学校，在清冷的围墙外面转圈。我影影绰绰看到，他无力地靠在墙上，搓弄着那张转学通知说："这是转学吗？这就是开除你啊，孩子。你能不能再听我一次，咱们一起找老师说说，我不想让你转学。"此时，健壮的他忽然间显得那么脆弱，似乎已不堪一击。我半天没说话，心揪成一团。后来，我跟在他的身后，重新走进班主任的办公室。假如，当时我下定决心不上学了，后果会怎么样呢？不敢想。

一个月后，我放假回家，母亲告诉我，父亲那天很晚才回到家。半路上，自行车车胎爆了，他一个人推着车子，在漆黑的夜里步行了好几里地。

高三时，我因为升学压力太大，连续病了一个月。身体虚弱，面色苍白，精神几近崩溃。于是我自作主张，休学！跟老师说完以后，我立刻回家，一分钟也不愿在学校待了。我骑着自行车，在灰蒙蒙的荒原上颠簸，我像沙漠里的一只蚂蚁，没有前途，看不到未来，心里悲凉到了极点。一进家门，我趴在炕上大哭。母亲跑过来安慰我："咱不上学了，不上了，孩子咱不上了！"。父亲问清了事情原委，黑着脸走出去，看得出，他很不高兴，他还指望儿子出人头地呢！他说："不上学你能干什么？"这是一句哲理。不上学，我的确什么也干不了，种地没体力，做生意没本钱，打工没门路。但在我如此痛苦不堪的时候，他却连句安慰的话也没有，的确让我觉得他心硬如石。

最终，我重返校园，并考上了大学。第一次出远门，第一次见到真正的火车，在离家2000多里远的地方，我如水中漂萍，不适应，孤独彷徨，和城市人的差距，这一切一切，让我心绪低沉。我给家里写了一封信。一周后，接到弟弟的回信，他写道：那天天很热，苹果园里一点儿风也没有，我把你的信读给父母听，他们都哭了。我想象当时的场面：父亲用他那粗笨的大手一下一下擦去脸上的泪，母亲无语凝噎。我心里很自责。

情形总是越来越好。我毕业参加工作，开始按月往家里寄钱，带着女友——也就是我现在的妻子——回家，父亲的眼神慈祥了很多，很像我小时候梦想中的父亲。他溺爱着弟弟的一双儿女，对他们有求必应，百依百顺。因为这个，我母亲经常数落他，他嘿嘿笑着，不做辩解。他抽了几十年的烟，这时候也戒掉了。我递烟给他时，他接过来，慢慢点燃，对我母亲说："孩子回来了，我破例抽一根吧。"小时候，他不关心我，甚至不会牵挂，就像他不会关心自己的一条腿，一只手，他经常光着脚下地，扎了蒺藜，在地上搓一下，把蒺藜踉碎，继续干活。我遭遇的那些困难就是他脚上的茧子，他自己能挺过去，就认为我也能挺过去。

父亲属牛，已经年过六旬。这在农村还不算老。在我记忆里，他总是生龙活虎的样子。但是，谈起他跟着包工头出去打工的事，我心里依然不是滋味。他的儿子长大了，该养活他了。他说："没事，包工头是咱们亲戚，给我安排的活都很轻松，不用爬高，在下面拌石灰、买菜做饭。人家知道我可靠，买菜的钱都交到我这里。"他这样说着，脸上显出很自豪的表情。农村婆媳关系不好相处，父亲很挠头。有一年春节前夕，我回去充当了一回调解员。年三十，我们家族成员到祖坟上祭扫，和父亲谈起这件事，他半晌无语，眼圈红了，一阵风吹来，他揉揉眼睛，说："风怎么这么大啊？"

父亲老了，但他的自尊还很年轻。我愿意认真地呵护他的残年，直到永远。

冷

妻子在QQ上告诉我，今天很冷，出门加衣。其实我一天都没出门。这么冷的天，出去干什么。在家里待着多舒服啊。

没出门我也可以感到冷。落地窗外面，是萧森的树木。树叶贴在枝丫上，黄着脸，抱紧了身子，打着哆嗦，互相挤成一团。有的掉到地上，孤零零的没有依靠。残存的夕阳一跳一跳，把苍黄映成了苍白。

一排排的树叶，一排排的冷。它们姿态认真地配合着"冷"。

而树下走过的人，裹着毛呢的风衣，树起领子，手揣进兜儿里，大大咧咧地跨着步子。他身体舒展。他的衣服透露出冷的讯息，可他的姿态是暖和的，看不出一丝一毫的冷。

想起小的时候最怕深秋季节。我们只有一件单衣可穿。一年四季，要么单衣，要么棉衣，没有过渡衣服，比如毛衣、毛裤等。穿棉衣尚早，只好裹紧破烂的单衣。

早晨上学时，我们都佝偻着腰，尽量缩小目标。路边枯败的草尖上，挂满了白花花的霜。我们呼出的哈气，让我们的唇边和鼻子上也挂满了霜。

大片大片的冷扑过来，撞击着我们。我们袖着手，蹦着跳着，仿佛在躲避冷，其实是想让身上出点儿汗。

出了汗，马上又干了，冰凉冰凉。比刚才更冷了。

有时候，我们站在墙根下，喊声一二三，使劲儿往一块儿挤。斑驳的阳光落在脚面上。

有人倒下去，别人踩到他身上，把他的手踩破了。血滴答滴答的。他尖锐地哭叫着，身子一下一下地哆嗦。如果有一件大衣披到他身上，也许他会忘记了还在淌着的血。

11岁的我，有段时间天天想着出走。遥远的地方，一定有温暖的房子，明亮的灯光，以及其他我想象不到的美好。

我躺在硬邦邦的床上，裹紧被头，以免刺骨的风钻进来。我被自己的想法激动着，彻夜难眠。

穿什么走呢？单衣太冷了，老爹的棉袄虽然不合身，但肯定暖和。偷出来带走吧。夹鞋太薄了，连袜子都没有。棉鞋倒可以考虑，但一双不够，明年穿什么呢，那时候我一年一定穿破一双棉鞋。

要不要带着棉被？晚上可以睡在某个背风的墙角，没有棉被是不行的。但背着棉被太沉了。

我寻找温暖的计划，一次次被冷的现实打破，终于没有成行。

妻子买了一个傻大傻大的被罩。正配我家那张傻大傻大的棉被。棉被是一家公司冲抵稿费邮寄给我的，薄，却保温。妻子喜欢得不得了，说：“等我们将来有了更大的房子，我才铺它。”

第二年，我们就买了更大的房子。

现在，我钻进这张大棉被中，躺着读书。读困了，就睡一会儿。睡醒了，接着读。

我偶尔下床，站在明亮的窗前，看着外面的冷。耳边回响着温馨的音乐。

冷在马路上徘徊，有时候转过头来，虎视眈眈地看着我。

我们隔着一层玻璃，如同两个世界。

11岁的我总想着出走，走啊走啊，就走到了今天。

卧室温暖

非得和我有差不多的经历，才能体会到我此刻的丰盈。从最初租住在10平方米的单间、30平方米的独门独户、50平方米的小房、60平方米的小房，到终于买下80多平方米的两室、130多平方米的大屋，我和妻子是开心的。这绝不含暴发户的狂喜，而是一步一个脚印，艰辛得来之后的欣慰、满足，稍加那么一点点慵懒与疲惫。只是这少许的疲惫，在我的卧室里面，也都渐渐消散，只剩下欣慰与满足。我每天沉浸于此，做着自己愿意做的事，读书、写作、上网、发呆……

好多次，我都发自肺腑地跟妻子说，真喜欢咱们的卧室啊！妻子有时候回答，有时候不作声，我知道，她一定和我怀着同样的想法。

三间卧室，老人一间，女儿一间，我们一间。

卧室大概15平方米。有一张大床，一张电脑桌，一个书架，一扇明亮的窗户。

床是岳父亲手打成的。其实就是木板钉成的几个大箱子，组合到一起，上面铺上席梦思床垫。箱子里面还能放东西。一床两用。前几年，一家人住在80多平方米的家里，老人带孩子住一间大卧室，我和妻子挤在小卧室的一张小号席梦思床垫上，就盼着有一张足够大的床。2007年夏天，这个愿望实现了。

大床上面是一张大被子，覆盖了整张床。从哪个角度钻进去，都不会挨冻。有时候，八岁的女儿会淘气地钻进来，缠着我给她讲故事，或者和她妈妈起腻。妻子对女儿说：“你现在多幸福啊，自己有一间小屋，有一张床。妈妈小的时候，和你小姨挤在一起，就盼着有一张自己的床呢！”女儿说：“妈妈，你跟姥姥商量一下，把你重新生出来，咱们俩住那间小屋。”女儿古怪的小脑袋里，总会荡出奇思妙想。有一次，妈妈晚上加班，白天起早陪着她上书法班，一起听课，吃饭，晚上又要出去买东西。妈妈说：“唉，你可把妈妈累坏了。”女儿说：“妈妈，你有本事生一个小孩来，一出生就像你那么大。”她的意思是，小孩子都有一个成长的过程，大人不要有太多怨言。

床是物质的象征。有这张床，就有了家，可以安睡，可以做梦。必须承认，我们夫妻都是典型的物质人，追求物质上的享受。我们从不把理想和物质对立。还在谈恋爱的时候，单位发了超市的购物券100元，我们选了满满两塑料袋物品。她感慨地说，买这么多东西，真好啊。爱财，但取之有道。这是我们的原则。一个字一个字地敲出文章，换成稿费，自己的血汗钱，花起来心安理得。有一次，我在超市捡到10元钱，晚上出发去外地就把火车票丢了，只好多花200多元重新买一张。这就是天道。不义之财，即使花起来觉得心安理得，天道也自有规则来平衡。所以，我们的物质所得，即便笨了一点儿，少了一点儿，但是很踏实。

床的旁边，是我的书架。书架也是岳父打制的。岳父退休前是出了名的木匠。他爱木头，就像我爱书。年纪大了，仍斧锯不离手，一块废弃的木头到了他手上，半天时间就变成小板凳、小箱子、小马扎儿，左邻右舍的老人们，都得到过他的作品。那些获赠者，偶尔买点儿鱼、水果送到我家，老人们的交往，充满人情味。

我的书架上，书并不多，不超过3000本。不是竖着放，都躺着呢。因为格子太大，竖着放，装得书太少，只好让它们一摞一摞地并排躺下。

其中一格放朋友们的赠书，一格放自己的作品。我至今只出过三本书，其他都是跟别人的合集、丛书，大概也有百十本了。希望以后有更多的书出版。自己这一辈子，注定成不了什么大人物，但写一点儿愿意写的东西，换一点儿问心无愧的小钱，即无憾矣。

书架和大床并排，也让书架沾上了些烟火气。听说李敖的书多，“书架紧嵌在四壁上，从客厅到餐厅，从主房到厨房，书桌纵横成列，像是大学课堂，又像是阅览室”。我想，就算我有足够的钱，也不会买这么多的书；就算有这么多的书，我也要扔掉一些，不能让他们挤占了我的空间。卧室就是卧室，以床优先。书与床，世俗领域和精神领域，相互尊重，相安无事，相得益彰。

我一两个月整理一次书架，把散乱的书摆整齐。整理的过程其实也是在查遗补漏，哪些好书没来得及读，哪些书可以再读，哪些书应该淘汰，重新梳理一次。我天天坐在电脑前边，腿脚的功能几乎丧失。偶尔折腾一下书架，可以当作短暂休息。

如果连书架也不愿意整理了，我就站起来，眺望窗外。窗内是我自己的世界，窗外是别人的世界。我家正对着小区的广场。早晨上学的孩子，在大人的牵引下匆匆走过。有的孩子调皮，蹦蹦跳跳地跑在前面，大人跟头把式地在后面追，一幅安乐祥和图。广场上有很多树，对面则是一排别墅。冬季雪后，树冠上顶着一脑袋的白，直愣愣地站在那里，经久不化。我喜欢看美国电影《小鬼当家》，就是因为背景画面动人，圣诞老人、满地满树的雪、厚厚的红棉衣、乡间小镇，仿佛童话世界。在冬日的傍晚，我洗上一个热水澡，穿着睡衣，看窗外白皑皑的树，匆匆走过的人，也有那么点儿童话世界的意思。

东北几乎没有春秋季节，一个长冬，加上一个长夏，就是一年。夏天的时候，楼下邻居的花园里经常传来虫鸣。除了熟悉的蛐蛐叫，还有其他不知名的动物。他们生机勃勃，笑傲绿草和果树，充分享受自己短暂的生命。半夜醒来，听着他们无忧无虑地歌唱，不由自主地被感染。于是不睡了，幸福地读几页书，读到自然困，接着睡觉，睡到自然醒。

除了写作，我也会玩电脑游戏，只玩那种最低级别的拖拉机。点燃一支烟，喝着茶，昏头昏脑地玩一上午。电脑上还保存过五子棋游戏，但我从来没赢过，总输，于是删掉了。这是我的卧室，我想怎么样就怎么样，对不对？

周末的晚上，女儿跑到我的电脑旁。我下载了《马小跳》的动画片或者《加菲猫的故事》放给她看。女儿常被逗得笑出声来。我躺在床上，有一搭没一搭地翻着闲书。地板浅棕色，在灯光的照耀下，油汪汪的。

我很想把这些场景复制下来，粘贴到以后的每一个日子里……

逃

一段网络视频，几个女孩子在围殴一个女孩子，画面惨烈。我不知道，那个被殴者的亲人看到这一段会是什么感受。但凡有点儿血性的，想到以眼还眼，以牙还牙，绝不过分。殴人者居然还敢录下全过程，与别人共赏，可见猖獗程度。可是被殴者为什么不逃呢？她就那么低着头，任人抽打，打倒了，再站起来，接着被抽打。一次次倒地，一次次站起来，直到鼻青脸肿。

《动物世界》中，狮子在追赶一群麋鹿。麋鹿们翻蹄亮掌，一路飞奔，优美的线条划过晴空；狮子使出浑身解数，气喘吁吁，最后终于摁住一只体弱的麋鹿，其他的，都顺利逃脱了。逃，是一种生理本能。动物面对生命威胁时，无论它多么弱小，想到的第一个字就是：逃。

如果视频片段中的女孩子使出浑身的力气逃跑、呼救，是不是可以躲过一劫？纵然逃不脱，不过挨一顿打，遭遇最坏也就如此了。而逃跑、呼救，起码多了一种可能。她显然是被巨大的恐惧笼罩住了，惊惶地、徒劳地躲闪着，任由同类的巴掌一下下击打在自己的脸上、身上。

狮子追不上麋鹿，望着它的背影叹一口气，快快地回家了。人类不同，他们要达到一个什么目的，一定竭尽全力。今天追不上你，明天再追，直到把你堵住。其穷凶极恶远超低等动物。他们身上的恶，像一张巨大的网，罩住被殴者。被殴者即使不挨打，也能看到血盆大口从四面八方飞奔而来……

郁郁葱葱

连续一个月，都看到窗台的花盆里长着葱。葱叶碧绿碧绿的，我时不时地揪下几根下饭，似乎总也揪不完。岳父告诉我，其实我们已经吃完好几茬了，盆里是他新栽的。我忽然想起，哪里来的葱栽子呢？询问岳父，答曰：“咱们秋天买的大葱，就是葱栽子！”

我记得，那时买回很多葱，去叶、扒皮、只留下一点儿葱白儿，一捆捆地绑在一块儿，堆在院子的空地上，因为便宜，所以随意丢放。大雪纷飞时，它们被埋在雪下。雪化了，他们和雪水冻在一起。但只要挪进屋子里，给它一抔泥土，一捧水，立即就获得了重生。

终于理解了一个成语——郁郁葱葱，还有一个词语——青葱。葱，确实是茂盛的同义词。

葱是可以吃的东西。如果它与野草一样，对人类毫无用处，郁郁葱葱大概就是贬义词了。人类势利若此。

小巷深深

原来的城市，是由大街小巷组成的。

大街不用说了，它是城市的主轴、核心。从大街上拐一个弯儿，就进入了小巷。小巷里有坐在树下乘凉的老人，有跑来跑去的孩子，有围拢在桌前打麻将的莽汉，还有蹲在桌底下发呆的笨狗。小巷们是相似的，人相似，情景相似，但又各不相同。它们掩埋在城市深处，可能一辈子都与你无缘相会。你撞进这条小巷，但不一定碰到下一个。谁能一个不落地把所有小巷踏访一遍？

比起大街的道貌岸然，小巷更有人情味。柴米油盐，鸡飞狗跳。把炉子端到路边生火，还有那么点儿炊烟袅袅的意境。但它终究和大街连为一体。在以前的城市里，你几乎看不到单独的一个楼群。每一座楼房都面对着街道。无论大街或者小巷，他们都是开放性的，汽车就在窗子下面开过，人声在楼旁鼎沸。小巷幽深，你没有发现它，不证明它不欢迎你。它敞开着胸襟，编织成一条条、一道道神秘的、充满诱惑的网络，大街是城市的骨头，小巷是筋脉，二者有机地结合在一起，等待着你的闯入。

大街和小巷中的每个人，都要面对整座城市的人。愿意也好，不愿意也罢，必须随时准备接纳他们。

不知从什么时候起，一个个封闭的小区逐渐占据了城市的中心区和郊区。进入小区，要在门口登记，还要接受保安的检查。这样的居民区，往往被称为高档小区。即使中低档的，也以拒绝陌生人为基本要义。原来的小巷，逐渐被锁进这些封闭的单位中。当然，小区中也有绿荫，也有跑来跑去的孩子，甚至还有更好的喷泉、雕塑小品，可这些，不再像小巷那样，是公共场合的公共产品。

小巷对外开放，内则收敛，收放自如；而高档小区中的街道，背对着城市，自言自语，一副爱理不理的死样子。

在小区化的城市里，大街还在，小巷却消失了。

整个过程悄无声息，很多人根本没有觉察到。

将来的都市，会不会成为若干个封闭小区组成的冷漠的庞然大物?

其实，人们生活在小区里比生活在小巷中更舒服。谁愿意让汽车整日整夜地临窗喘息？小巷死了一条又一条，我不知道这是好还是坏。

我们的生活一点点改变了，不知不觉地改变了。在改变的时候，有一点儿失落，有一点儿哀伤。可能，还有那么一点点期待……

沉默

沉默是需要缘由的。一个人为什么要沉默？除非他是哑巴，否则一定有表达的意愿。一句“生性寡言”无法涵盖所有沉默寡言者。性格诚然是一原因，但若遇投缘者，他也会夸夸其谈，举一反三，证明所谓性情，不过因人而异，遇人不淑时才缄口不语。

有人沉默，就是为了听，引你说话。我注意过，电视台的记者很爱用这一招。他们先提出问题，你回答完，他没有要撤的意思，继续把话筒放在你嘴边，并且一边点头一边说着：“嗯，嗯。”对于被采访者来说，这是一种无形的压迫，常常不由自主地上了他的圈套，没话找话地继续说下去。你说的话越多，他回去剪裁时材料就越多，任务完成得就越好。

有人沉默，则是一种战术，专心等着别人东一榔头，西一棒槌地说个没完。言多必失，话说得多，漏洞就多，反而是沉默者胜券在握。但这种招数只能用于同僚和敌手之间。假如一个推销员面对客户，他也不说话，以沉默逼视对方，结果当然是可想而知。

普遍情况下，沉默的理由大概有两个：一是对你的话题他根本不懂，也不感兴趣。鸡对鸭讲话，鸭子怎么办？它除了静默之外似乎没有别的选择；二是对你的话题完全懂得，已不屑探讨，世人皆醉我独醒，跟外人没有什么话可说，所有的语言都是多余的。这两种境界，就是大愚和大智的境界。

沉默是一门艺术，需要底气。不管懂不懂得，都要以“我完全懂得”，或者“我根本不屑于懂得”为支柱，坚信自己可以轻易应付任何话题，只是不说而已。

沉默贵在坚持，一定要从一而终。无论天地变幻，我自岿然不动。中间若忍不住插上几句，前面所有的沉默都泡汤了。本来没人知道你不懂的，但你随便的几句话就露怯了。

沉默是面对外人时的一种临战状态。自我审视的时候，其实每个人都在滔滔不绝……

不说也不行

有的人天生不爱说话，好事坏事都跟他无关。高兴了，嘿嘿一笑，不高兴了，皱几下眉头。爱恨情仇，对他来说只是几个简单的表情而已。还有一种人，喜欢说话，却也偶尔沉默。他们有时候滔滔不绝，口若悬河，有时候却闭口不语。李自成对北京发动总攻势之前，曾派人向崇祯讲和，提出如下条件：第一，明政府割西北之地给李自成，李自成和崇祯“分国而王”；第二，拿出100万两银子犒赏义军，李自成主动撤兵，并尽全力帮助明政府抵御清军。崇祯皇帝找来内阁首辅魏藻德，让其做决断。他对魏藻德说："你觉得这件事怎么办？事情紧急，只要你一句话就能够定下来！"魏藻德弯腰撅腚，一言不发，崇祯皇帝追问再三，魏藻德始终像个哑巴一样。最后气得崇祯皇帝推倒了椅子，走入后宫。其实，谁心里都明白，这种事最终做决断的应该是皇帝。魏藻德当然能看清目前的局势，可他不敢回答。说不可议，李自成攻进来，自己就有亡国之责；说可议，双方谈妥，李自成退兵，皇上也可以拿他当替罪羊，说他卖国。魏藻德常年在皇帝跟前，还能不晓得他的心思？魏藻德的遭遇，给我们一个启示：沉默，只不过是一种无奈的自保方式而已。

表达自己，乃是人的天性。谁也不希望把想说的话憋到肚子里沤烂。当他们不愿意表达的时候，一定是有所顾忌。我曾有过这样的经历，在某些人面前，一度沉默不语。倒不是跟他们无话可说，而是没法说。有好多次，办公室里几个人开玩笑的话，传到了领导耳朵里。更可怕的是，领导听到的是完全走样的话。中间人所转达的，已经完全违背了你最初的意思。可以设想，你口无遮拦地说了一大堆，却被别人断章取义地截取几句，拿到领导那里讨好，你会怎么想？领导问你，你说过这样的话吗？你只能回答："说过。"领导不会详细了解前因后果，不会将它放在特定情境里去理解。他们没有那个时间。其实，这也并非不合人情。中间的传话者，有其私利，他传话时，一定要挑选符合自己利益的东西，利于自己的，添油加醋，无限放大；不利于自己的，偷换概念，悄悄舍弃。而你在尽情抒发情怀，放言天下时，并不知道传话者要保留哪一句，舍弃哪一句的。怎么办？只有沉默。不跟他说就得了，让他无话可传。

还有一种情况，就是拿你的话说事。明明是传话者自己的意见，但他把握不准事态的发展方向，他就会宣布，谁谁谁这么说过，谁谁谁那么认为。而他传达的那些话，只是你私下里的意见，也许并不想公之于众，却被他堂而皇之地抖搂出来。不过，若是他断定你的想法独特而有创见，就不会说是你的意见了，而是直接照搬为"我认为如何如何"。总之，你跟他说话，无论有心或者无意，都能成为他的话头。而结果，总是对他有利，对你无益甚至有害。在此人面前，你除了沉默，还能有什么选择？

但是，靠沉默就能完全自保吗？也不一定。沉默，对于喜欢传话的人，当然是讽刺和鄙夷。同时，更是一种折磨。因为他跟别人谈话时，就靠谈论他人为切入点，忽然没有了可以引用的话，心里该多难受！这时候，他不会反省自己，相反，一定会怨恨你的沉默。走投无路时，他会狗急跳墙，无中生有，给你编排一些话。秦桧等人给岳飞定罪时，说过“莫须有”。传话者在对付你的沉默时，也可以这样编排：“他好像这样说过”“他可能是这么个意思”，只要听者愿意相信，他总有各种各样的话来填补空白。

沉默是无奈的，效果也只是暂时的。若不从根源上消除告密者，即使大家都变成哑巴也无济于事。

有了高下又如何？

两个人（姑且称之为“A君”和“B君”）不知为什么发生了矛盾。其实也算不上矛盾，因为只是B君单方面地恨上了A君，而A君并没打算把B君怎么样。我以旁观者的角度观察，B君恨A君的理由很简单，就是A君挡了B君的升迁之路。另外，B君认为A君总在自己面前装大，使自己很没面子，这点，旁观者很难看出来，毕竟A君比B君年龄大一些，行事沉稳一些，“装大”实在是谈不上。

B君逢人就说A君的不是，比如小心眼儿啦，吝啬啦，装大啦。虽然几乎所有的人都认为A君是谦谦君子，但B君总能找出无数理由来推翻它。他讲得头头是道，井井有条，前后连贯，思维缜密，有枝蔓有归一，有实例有结论。如果不是费尽心机，昼夜冥想，简直无法做到这一点。可是，尽管B君有理有据，“A君是个君子”在大多数人那里依然成为共识。听过B君发牢骚的几个人后来一总结，发现B君讲得那些毛病竟然都发生在他自己身上。这是个奇怪的现象，很多人喜欢把自己身上的缺点安到别人身上。他一个手指头指着别人的时候，另外四个手指头正指着自己。因为自己存在那样严重的缺陷，所以打量别人时也只注意同样的缺陷，并无限放大别人身上的这种缺陷。

相反，A君对B君几乎没有过不恭之词。在他那里，也许从没把B君当成过对手。和别人谈起B君来，往往都是很客观的评价。总体上看，好话多于坏话。他不可能不知道B君都对自己做了些什么，但A君的气度来自他的视野，他首先不愿意做B君那样的人，其次也做不出B君那样的事。后来，A君忽然改变了尴尬的境遇，有了决策权，随时可以置B君于死地，但他仍没有想到过报复B君，他甚至认为，只要大局需要，B君可以安排到合适的位子上去做事。

很多人都听过B君咒骂A君，不多的几个人听过A君评价B君，另外有一些人则站在远处打量他们二人。谁都不是瞎子，二人谁忠厚谁刻薄，谁隐忍谁尖酸，谁品格高谁品性低，每个旁观者心中都有一杆秤。我至少听到两个旁观者议论，B君太欺负人了，他与A君站在一起，真是天壤之别，B君有什么资格与A君为敌呢？

秤是有了，高下分出来了，但这又能怎样！在B君喷着唾沫星子攻击A君的时候，多数听众不得不虚与委蛇地附和几句，即使不附和，也没有谁为A君辩解。判断是非的能力人人都有，但又有几个人会在判断完是非以后，在行动上真正选择“是”，而摒弃“非”？

一个认为B君下作的人说：“我以后要对B君多加小心，以免开罪于他。万一得罪了他，他一定会像对待A君一样对待我。这就是俗话中讲的‘宁可得罪君子，绝不得罪小人’。”是啊，B君没事还要找你事呢，若真的有事，他岂能轻易放过你？而A君呢，磕一下碰一下都无所谓，结了疙瘩也容易解开，在B君那里，则肯定不会这么容易解开。

也就是说，每个旁观者都在看风使舵。他们特意去巴结B君，更多的是缘于畏惧。有位老人跟我说过，做老实人有什么用？甲看乙为人厚道，逢年过节就去给乙送礼，以表达崇敬之情，有这样的事吗？没有。送礼的人，倒是一边骂一边去送的居多。同理，旁观者也不是看谁人品好就一窝蜂地拥向你，站在你这一边，为你仗义执言，他们看重的是实力。A君和B君地位相等，经济状况趋同，谁具有攻击性谁就占上风。旁观者潜意识里，总要以自己的利益来选择别人的是非：随时可以咬到自己，而尚未攻击自己的，给他一个“是”来换得暂时的安宁；不能咬到自己，给他一个“非”也不会得到以牙还牙之报复的，那就给他一个“非”。

此外，虽然私下里很多人都对B君不以为然，但公共场合他似乎总能得到一致的好评。因为每个发言的人都知道，无论好话坏话，很快就会传到B君那里。要是说了对他不利的话，让他知道了，自己不会有好果子吃。于是，集体口是心非。而众口一词的赞扬，难免不使B君真的以为自己是个高尚的人，善良的人，并通过强化这种意念来贬低别人，也难免不会让可以决定B君命运的人以为B君真的是个好人！这样，B君当面有人捧，背后亦有人捧，作为大家公认的妄人，B君得到的实惠一点儿都不比A君少，反而更多！

你当然不能据此判断道义是虚伪的，但你必须承认，道义是脆弱的，不值钱的。一切的一切，还要归结为实力。B君无罪，他只是巧妙地拿捏住了人们的恐惧心理。这不仅透露出人性的悲哀，更让人看出世道的无奈。

别告诉别人

有一哥们儿，和我很投脾气。一天晚上，在小饭馆里，他神情凝重地说：“有一件事，你一个人知道就行了，千万别告诉别人。”

他顿了顿说："我离婚了。"

这让我很意外。我问他为什么。他说，是因为这个那个，那个这个。

总之吧，一堆理由。

酒后，他再三叮嘱我，别告诉别人，这不是什么光彩的事。

我想，反正木已成舟，再探讨也没什么意义了。我唯一能做的，就是替他保守这个秘密。

大概过了两个月，在一张酒桌上，五六个人谈起谁谁谁。一个人说，他现在又找对象了吗？可能意识到自己失言，那人连忙掩嘴。

旁边一个人疑惑地问："你……你知道他离婚了？"

又一个人问："你们俩都知道谁谁谁离婚了？"

酒桌上所有的人都左顾右盼，大家一起长舒了一口气。原来，都知道这件事了。

而且，都是谁谁谁亲口对他们说的。谁谁谁对每个人都叮嘱了一句："别告诉别人。"

大家都当成天大的秘密帮他守口如瓶，他其实早就广布天下了。

所以，如果有人告诉你一件事，并请你不要外传，你听不听他的话都没有关系，他自己一定会告诉外人的。

他有了憋不住的话，只要肯告诉你，就一定会再告诉别人。

所谓秘密，就是拿来分享或承担的。不能分担的，就不叫秘密了。有个贪官，把自己与情妇的每一个细节都记录下来，直到东窗事发。他为什么要记下来？显然，不是为了唤起自己的记忆。或许，他潜意识里还是希望有一天日记被人看到，有人跟他一起分享或承担。他被抓了，日记曝光了，他心里踏实了。一般情况下，他不会后悔记日记，只恨自己没有更严密地保护日记，那他干脆不记岂不更好？

我采访过一个囚犯。在潜逃期间，他忍不住把犯案经过告诉给自以为亲近的人。后来，他周围的人几乎都知道了这件事，只是还没来得及广泛传播。若假以时日，不用警察去抓，早晚有人举报他。

他的故事需要分担，那些获得了这个秘密的人，也需要别人来分担。

有人自称嘴严。他说："我这个人什么事都兜得住。比如，谁谁偷东西的事，我从没告诉别人。"

下次，再有人说，告诉你一件事，别告诉别人。我会立刻让他住嘴。我可不想把自己憋死。

你是选手，还是评委

大概二十年前，某电视台举行青年歌手选拔赛，一名选手唱《古老的棉被店》，哎呀妈呀，一下子把我震住了。世界上还有这么好听的歌！我想，她肯定得第一了！你猜怎么着？评委们齐刷刷给她打了个很低的分。我承认，那时我一点儿专业知识都不懂，但我觉得歌手声音贼甜贼甜的，起码四个加号，曲调也好听。如果我是评委，呵呵……可惜我不是。那些在我看来很一般的歌手，反而拿到了名次。我想，评委就是评委，眼光独特。你们牛，我服你们了还不行吗？

前两年，我们单位组织幼儿舞蹈大赛。我是参与者之一，负责伺候各位评委。在请他们吃饭的时候，我悄悄询问，得第三名的孩子，明明跳得最好，为什么得了第三？答曰，孩子嘛，要有孩子的单纯，跳得太好，就没童趣了。拿第一名的，最具童趣。他们的回答让我醍醐灌顶。我觉得很有道理。我很佩服。可是，我若是评委，我把第三名调整到第一名。我可以这样说，舞蹈大赛，当然是看谁跳得好，专业第一，技艺第一，其他都是次要的，只能用来做参考。我这样说有毛病吗？不是跟评委抬杠，我的意思是，谁当了评委，谁就暂时掌握了真理。真理有多种角度、多种阐述方式，每一个角度对应一个获奖者。从A角度阐述，A选手就捞着了；从B

角度阐述，B选手就占便宜。

我们在大街上看到一个人，猥琐无聊，懒得理他，可是他当了评委，能够决定你的前途，你就得对他客气点儿。否则，他淘汰你没商量，看谁损失大。再大的腕儿，在这宝贵的一票面前都变得渺小。当然，如果你完全不在乎结果，他拿你也没办法。可你干什么来了？要是不在乎结果，干脆不参赛，岂不更省事？每个参赛者都在乎结果，每个参赛者都在乎评委手中这张票。此亦真理。

我也有机会当过几次评委。道貌岸然地坐在评审席上，我煞有介事，其实内心相当飘飘然。“看谁敢跟我作对！老子有票！”这绝非我一个人的心态。因为，对那些锋芒外露的选手，评委们普遍打分不高。评委们也和观众一起被逗得哈哈大笑，和观众一起目瞪口呆，但举牌亮分的时候，内心的背道而驰就暴露出来了。试图用你的节目震撼评委，那是不可能的，最便捷的方式是“扮可爱”，以示弱的方式开启他们的同情心、人之本善，而不是“震”住他们。

所以，看到一些选秀节目的评委跟着选手一起手舞足蹈，和选手一起落泪，我很可怜他们。评委不想这样，他们是没办法。成千上万的观众在投票，他们不仅给选手打分，也在给评委打分，评委完全被置于观众的监督之下。收视率决定一切的残酷生态下，评委们被迫和选手一起扮可爱或者玩酷。其实，没有一个评委愿意被透视，他们最希望扮演真理终结者的角色，高高在上，目不斜视，正襟危坐，大权在握。

严肃点儿，开会了

刚参加工作时，我在一家私营企业当文宣。一天，主任递给我一张字条说：“下午你去参加一个会，这是时间、地点。”我一看，是开发区管委会召集的，架势很大，要求本区域内各单位必须有主要领导参加。我犹疑了一下，问他：“我和谁去？”主任说：“你自己去，到那里签个字，如果不愿意听，开到一半时溜出来就行了。”我很疑惑，这么大的事，他们怎么如此随便？下午我骑着自行车到了金碧辉煌的会场，看到主席台上道貌岸然地坐了一排大腹腹便便的领导，会场下面则有很多和我一样举止拘谨、面目生涩的年轻人。由于是第一次参加这样高级别的会，我没敢逃跑，而是在两个小时内看完了一本杂志，睡了个小觉，醒来后又去吃了主办方准备的大餐，华灯初上时，才酒足饭饱地骑自行车回家。

这以后，我参加了很多类似的会，直到筋疲力尽。这种会既无实际意义，又浪费时间，我总不能为了一顿饭，一次次搭上自己宝贵的青春吧？主任再让我去，我会推三阻四地说，自己很忙，让新来的×××去吧。×××不明就里，高高兴兴地骑上自行车去了。

不知从什么时候起，我养成了一个习惯：看电视时专门看各地的会议报道，在那些呆板的镜头中，我又喜欢专门研究台下人的表情。从他们身上，我仿佛发现了当年的自己。他们一个个都板板正正地坐在那里，但眼神里已经透露出他们的无动于衷。无论上面的人多么声情并茂，下面总有人在昏昏欲睡，或者走神。座位越靠后，开小差的越多。认真做听讲状的，只是第一排的人。前排就座者，一般地位比较高，他们和主席台上的人关系最密切。一般情况下，主席台上的人和他们是直接的上下级关系，可以左右他们的命运与前途。传达各种文件，即所谓的落实，也是以前两排的人最起劲儿，除他们外，其他都是来捧人场的看客。迫于你的权势，我来了，但你根本不管我的工资多少、职位升迁，你根本顾不上看我一眼，你做再大的官，摆再大的派头，做再漂亮的报告，都跟我没有一点儿关系。说穿了，我又不靠你吃饭，我睡觉已是给你面子，就算我拍屁股走了，你又能把我怎么样？

而发言的那些人，不见得认为自己只是在搞形式主义，他们慷慨激昂，侃侃而谈，没准真的以为自己已经君临天下，一呼百应了。他们信誓旦旦地要干点儿什么时，似乎可以看到如云的支持者。其实他们错了，决策者一拍脑袋想出一件什么事，也就是那寥寥几个既得利益者屁颠儿屁颠儿地追随着，再远一些的人，全然不会关心。决策过程跟他们没关系，决策内容也跟他们的利益挂不上钩，他们怎么会有兴趣关心这些东西？因此，沉闷的会场，透露出的是上下之脱节，决策之武断。

报纸上常报道某某领导亲自去处理什么事，似乎很亲民，而离这些事最近的官员们干什么去了？同开会一样，他们也扮演了看客。他们站在远远的地方，冷眼观瞧……

抱狗的女人

抱狗的女人是离群索居的女人。她怀中的那条狗是她的道具，也是一种无声的隐喻，其背后的语言是：我要和你们拉开距离。当然，主动远离芸芸众生绝非因为她自卑，不敢与之为伍；恰恰相反，那是由于她自以为高贵。她不屑于和哪怕是任何一个“外人”接近，谁胆敢靠近她，她就很慵懒地暗示给你看她的狗：“我的小咪咪可爱吗？”纵使你心里奔腾着万般热情，也会一下子冷却下来，没人能够坦然面对这种讽刺。

在饭馆里看到一个衣着华贵的女人，她怀中抱着一条卷毛狗。她坐在那儿用手细细抚摩狗毛的那种神态，让你感到她还是懂得爱的：“我的小亲亲，你好乖呦！”那种母性的爱甚至让你动容。可她忽然间拿起桌上的汤匙，舀起一口汤倒进自己嘴里，剩下一点儿，又倒进那狗的嘴里，她一脸陶醉地闭上眼品尝着滋味。如果你此时就坐在她的对面，因而不得不和她以及她的狗发生关系，你的心里是无法平静的。抱狗的女人并不在意你的存在。她眼中只有狗，只有她自己。即使你感到被侮辱，那也只是自取其辱。“你为什么要和狗一般见识呢？”她会这样回答你。

抱狗的女人走在街上，狗就成了她身体的一部分，用“人以群分”这个词来形容她和狗的关系并非是恶意贬低，她身上的确有着和狗相通的气息：慵懒、懈怠、悠闲。同时，在那种悠闲的做派背后还有着诚惶诚恐的成分——对于她（它）的豢养者。她（它）是被豢养者。因为她（它）身上的那种自大并非源自其本身，而更像是一种有恃无恐。

抱狗的女人不跟人说话，只跟狗说话，她也从不会直呼其为狗，而是以各种各样肉麻的字眼来呼唤它。你可以理解为那是自恋式的自言自语。她和它是一道风景，打扮着你的街道，让你在这个浮躁的时代，心情更加烦躁。

被提醒的和被忽略的

朋友写了篇文章，题目叫《提醒幸福》。写的是自己终日奔波劳碌，不堪其苦，终于有一天几件不经意的小事蓦地使他发现自己原来一直生活在幸福和被关怀之中。文章末尾告诉我们，幸福是容易被忽略的平淡，要时时提醒自己。什么是幸福，什么又是哀伤？我一直在思考这个问题。其实我们就一直生活在被提醒的状态中。小时候不小心摔倒在地上，自己觉得好玩，刚想爬起来，大人们却匆匆跑来把我扶起，拍掉身上的尘土，并安慰说：“好孩子，别哭。”这时我才想起自己应该哭了，于是“哇”的一声号啕大哭起来。

依我看，人的承受力其实要远远大于当前发现的，只不过人们的生活习惯为他们制造了一个界限。在遥远的上古，蒙昧初开的人们安步当车，无论多远的路程都要亲自用脚去丈量。那时他们的幸福观也许就是走了一段近路。10里的路程他们抄小路去只走了八里就到了。生活习惯提醒他，我比别人少用了一些力，很是高兴。这事如果发生在今天，步行如此远的路程，他早就大声抱怨了。

1998年湖北发大水，一位七岁的小女孩抱着大树在洪水中挺了九个小时。我不相信这个小孩的身体有什么特殊的地方。她之所以能支撑这么长的时间，也许正是因为他年龄小。如果是个成年人，在坚持了五六个小时以后，生活常识会告诉他，我坚持的时间够长了，即使现在掉到水里也无怨无悔了。这样一想，浑身的劲都松懈下来，于是他掉下去了。

这种提醒是可怕的。可我们的周围就埋伏着许多这样的提醒。几十年前的幸福是饱餐一顿大鱼大肉，今天的幸福是如水的平淡。没有人在耳边告诉我们，可这样的观念已经在我们心中落地生根，谁敢肯定这样的东西从当初落在我们生活中时就不是错误的呢?

无论是幸福，还是痛苦，其实早就由大多数人的肯定所肯定，由大多数人的否定所否定。我们这一辈子还是不能超凡脱俗，每个人注定要幸福着别人的幸福，痛苦着别人的痛苦。

我倒是更欣赏那些完全被忽略的本能，比如眨眼，比如呼吸。这些都不需要谁来提醒我们去做。每个人随时都在做它。而且它们随着每个人的诞生而诞生，随着他们的消逝而消逝。

这，倒是我们真正的本质所在!

边走边看

那是一次难忘的旅行。我们的目的地是离长春市区90华里的卡伦湖。

时近初秋，瑟瑟的风刚刚吹黄了满树的叶子。我们从东北师大面向自由大路的后门出发，坐了半个多小时的汽车。半路上，汽车抛了锚，司机为难地请我们另寻方便。这时候离卡伦湖度假村还有20多里路。我们急匆匆地在路上走了一段，希望在日落之前能到达那儿。但眼看日头渐渐偏西，而两边依然是哗哗作响的白桦林，那白桦林覆盖着我们，像一片深不可测的大海。我们一行五人有些着急了，便跑到路中间拦截路过的车辆，希望他们能让我们搭一段路。但所有的车都呼啸着疾驰而过，不肯稍稍停一下。万般无奈，我们只好步行前进。

夜风渐起，道路两旁倏尔闪过一两点莫名其妙的萤火，吓得几位女生厉声尖叫。远处又传来不知是什么动物的悲嗥，我们两个男人也有些毛骨悚然了。我们不敢出声，心急火燎地往前走着。头上满是汗水，脸上沾着泥灰。我们心里暗暗计算着路程，快到了吗？快到了……

晚上10点钟的时候，我们终于找到了一户农家歇脚。这时的我们早已经狼狈不堪，心绪沉沉。昏昏然地倒在土炕上便一头睡去，连夜梦都没有。

第二天早晨，我们漫步在卡伦湖畔，一汪碧水，碧波荡漾。但水是水，沙是沙，明净归明净，总觉这样的风景似乎单薄了些。难道我们远远地来到这儿，只是为了面对这样一泓湖水？心中不由怅然，与其如此，倒不如就近去市区的南湖岸边小坐了。

再一路回想过去。昨夜，其实应该算是秋高气爽，凉凉的，还有遍洒地面的月光。尤其是那一望无际的白桦林，在远离闹市的郊外，它们挺立出一片豪壮和别致的风景！几个人若是就着晚风，手上捏几片叶子，在路边小憩，或边走边聊，那岂不是很美好的情致吗？只怪我们，当时所有的心神都太专注于终点，而忽略了其实风景就在路上。

正当我们围在卡伦湖畔怅然的时候，就又错过了另一种妙处。南湖有南湖的清秀，卡伦也自有卡伦的温婉。我们来了，就拥有了它，不必过多地比较，也无须再去问“为什么”，一下子抹掉了我们的奔波所延伸出的内涵，只剩下了赤裸裸的散发着腥味的功利。

从那以后，我渐悟了一些人生的道理。活着是一条路，终点是死亡。我们活着并不能只是为了死。如果再把生命分割开来，我们可以学习，但不一定非要去考大学；我们可以辛勤地工作，但并非一门心思想着升迁；我们可以恋爱，但没必要为长相厮守而彼此痛苦地迁就。其实，目的只是路边的花，在不知不觉中，我们已经呼吸了它们的馨香，为何非要把它掐下来紧紧地攥在手中呢？

有一位朋友，平生谨小慎微，生怕沾上任何是非。在家中是模范父兄，在外面是好好先生。无建树也无罪过。本以为他就安于这种角色，不料在他的一次病危之时，吐露出他最大的愿望竟是：我真想放声唱一首歌！

我为他感到悲哀。怎么会是这个样子呢？活着本来就应该在每个日子里歌唱。走在路上，把所有的风景都收在眼底，难道你只是为了盖棺定论的那一句“这个人不错”才踏上征途的吗？终极是虚妄的，而脚印才是踏实的、真实的，处处都是好风景，只要走路的时候多向外看一看。

我又为这位朋友庆幸，他及时警醒了。当他在第二天早晨睁开眼睛时，也许，他会把目光投向窗外的阳光、青草地、白云和小鸟。

每个人都拥有一路的景致，学会边走边看，也就学会了好好地生活。

幸存者

邻居养了几只小鸡，能够看出刚刚孵出不久。它们叽叽喳喳地叫着，黄黄的，小绒球一样，在门前的草地上互相嬉戏，滚来滚去。

小鸡们是被养在一个大铁笼子里的。白天撒出去，傍晚的时候再收进去。春天天气晴暖，气温也高，晚上甚至把笼子放在门口就行。

有一天，本来前半夜还天清气朗，后半夜却骤然黑云如墨，瞬间便狂风大作，电闪雷鸣，倾盆大雨从天而降。正赶上那天邻居家只有一个10来岁的小孩在家，其余的人都到亲戚家参加婚礼去了。小孩吓得趴在被窝里一动不动，更别提出来照看小鸡们了。

第二天早晨，雨过天晴。我们发现笼子里的五只小鸡已经有三只被大雨浇死了。有一只奄奄一息，挨了半天时间，中午的时候也闭上了眼。只剩下唯一的一只小公鸡，晒干了身上的水，重新抖擞起精神，大声鸣叫着，仿佛在宣告新生活的开始。

从此以后，草地上只剩下一只小鸡在跑来跑去。开始的时候，它还能够自得其乐地啄啄小虫，梳梳羽毛。慢慢地，它的神情有些呆滞，有时无缘无故地站着，抬头望天，像是在凝神想着什么东西。有时又忽然变得特别焦躁，从这个墙角惶惶地跑到那个墙角。周围一只动物也没有，如一只小狗，一只小猫，或者小鸭子什么的。只有它一只在那儿孤零零地踱过来，踱过去，像一个满腹心事的老人。

我可以想象得出在那个狂风暴雨的晚上，这只小鸡是怎样缩紧全身，紧闭嘴唇与风雨抗争，又是怎样在别的同伴已经冻浇而死后仍强忍着积聚身上的每一份热量，苦苦地坚持着，对峙着，等待着，最后它终于幸存下来。

然而现在呢？看着它那病恹恹的样子，那茫然若失的身影，我想，孤独真是一种比闪电惊雷更可怕的东西，它会慢慢地由内往外毁灭一个生命的。

几天以后，这只幸存者还是死了。它并不是死于外来的打击，而是死于没有依靠，没有爱。

赤条条的演奏者

一个人赤条条地来到这个世界上，然后再赤条条地离开。这是人们常说的一句话。尤其是对那些为了达到某种目的或聚敛财富，或升迁高位而不惜与朋友反目、与亲人成仇者。这话确实是点到了要害上。无论什么功名利禄，生不带来，死不带去，何必为此纠缠不清？

有一相识之人，原先在某学校做为人师表的工作，后辞职到一公司做经理，日入千金，两年时间便聚到百万。泡舞厅入宾馆，吃喝玩乐，游戏人间。恰逢全国洪水泛滥时，有人劝他舍其九牛一毛捐出些钱来，此君一言惊四座："能吃点儿就吃点儿吧，不用图那虚名，赤条条来，赤条条去，你死了以后还能把那虚名带走吗？"

我没想到此君竟把这句话用到了这儿，不由一时语塞。后来把这句话说给别人听，也觉得不对劲儿，但仔细想想，又确实不知该如何反驳他。

后来看到一部非常著名的电影，巨船就要在海上沉没了。几乎所有的旅客都惊慌失措，在船上徒劳地哭喊乱跑。唯有几位提琴手还在那儿一本正经地拉奏他们的曲子。他们都穿着燕尾服，扎着领结，看脸上的表情，竟都是那样镇定自若。难道他们不知道自己正面临着什么样的境遇吗？他们不知道死有多么可怕吗？只见指挥挥一挥手说："继续演奏！"船摇摇摆摆，他们也跟着东摇西晃，但我看见，他们的演奏仍是那么一丝不苟，有板有眼。

我心里无比感动。他们在死亡面前表现出来的那种庄严让我久难释怀。一个人从出生到死亡，这一辈子难道真的就两手空空吗？想来并非如此，"赤条条来，赤条条去"总有一种泼皮相，带着一股破罐子破摔的味道。诚然，数不尽的身外之物，荣华富贵终会腐烂成泥，但有没有一种永远不会腐烂的东西呢?

那位老板不肯掏出鼓鼓的腰包，事实上他还是顾忌到自己的财产，如果真的要他在生与死之间做出选择，也许他是最不洒脱，最舍不得选择离去的一人。而那些义无反顾的演奏者才是真正的从容。面对死亡还能够坦然地掸去自己衣袖上的灰尘。他们告诉我：一个人赤条条地来到这个世界上，然后又赤条条地离开，但是得带着唯一的一件东西，那就是尊严。

秋天的味道

秋天的时候，一辆辆农用三轮车开进了城市的大街小巷，车上装的是一袋袋的苹果。如今都市人手里宽绰了，买苹果也不论斤了，趁着现在便宜，他们便一袋袋地把苹果搬回家。妻子也买回了一袋。她洗好以后让我尝。我咬了一口说：“嗯，有一股秋天的味道。”

秋天是什么味道呢？妻子笑着说我：“你以为你在写诗吗？”

不是写诗。但是我确实是闻到了秋天的味道。这其中的确切含意只有我自己明白。

十几年前，正当少年的我还在遥远的乡下生活。我家承包着一片苹果园。每到秋收季节，我都要在苹果园里看园。深秋的气温已经很低了，我蜷缩在那个清冷的小木屋里，点着蜡烛，捧着书，度过了一个个不眠之夜。半夜饿了，就从床上爬起来摘一个苹果吃。那种苹果的味道给我留下的印象很深，至今难以忘怀。它浓缩了整个果园的清香，上面沾着湿乎乎的露珠，冰凉冰凉的。我大口大口地嚼着，有时就感到同它已经融为一体，不知是我在咀嚼苹果，还是秋天在咀嚼我。清晨，父亲老早就来到苹果园，把昨晚摘下来的苹果装进筐里，用自行车绑好去赶集。我被吵醒后就再也睡不着了。便起来一边嚼冰凉的苹果，一边看书。抬头望着还有些漆黑的天空，心里想着自己是多么不适宜在这片沉沉的土地上生长。那时候我总是在憧憬远方。霜降以后，天气更冷了，苹果更凉了，它那股奇特的味道更加浓烈了。而我那一颗萌动的少年的心，也越来越不安于现在的生活方式，一日不挣脱，便一日睡不安稳。

10年前的秋天，我终于考上了大学，奔向了北方的文化名城。在这四年的苦读时间里，我不知道这座文化名城是否改变了我，但我却真切地记得，自己没有尝过一个苹果。苹果于我已成了一种很奢侈的东西。它从遥远的乡下运来，价格陡升。包裹它的不再是湿湿的露珠和星星点点的泥巴，而成了一张张精美的软纸，我敬畏它，不敢靠近它。每天我只是躲在图书馆里读书，在飘满落叶的林荫道上走过一个个极其短暂的秋天。东北的秋天真短，简直可以忽略不计。

但东北的冬天可真长啊！那年深秋我从刚刚工作不长时间的公司里跳槽出来，随之便被撵出了人家的集体宿舍。当时，一场初雪不期而至。我在南湖岸边的贫民区里租了一间小平房，每天下班以后在路边的小吃铺填上几个包子，然后在昏黑的路灯下踩着坎坷不平的土路回家。那时的我并不以为苦。我还以为我的生活本来就该是这个样子。我在城市里的成长是在我自己目睹了别人富足安逸的生活以后。我的活力一下被激发起来了，我意识到这座城市也有我一份，无论高楼还是霓虹灯。在那些买不起水果吃的日子里，我用我的笔和纸真切地记录自己是如何像庄稼一样拔起节来的。

我穿着笔挺的西服，从楼上下来，腋下夹着黑皮包，走到汽车站点去等公共汽车。在办公室里，我和同事们聊天、喝茶，然后下班回家。这是我如今每天生活的剪影。我以为我已经融入了这琐碎、傲慢的都市生活，渐渐远离了年少轻狂的时代。我的味觉也已渐趋麻木。可有谁知道，妻子递给我的这个苹果以它泥土的清香击中了我心中最柔软的部分，让我禁不住再度热泪盈眶。

蜗牛

一把伞能遮住雨，却挡不住寒冷，而房子能。事实上流浪在大街上的那些人想得到一间自己的房子，也并非只是为了寻求温暖，他们只是渴望一种具有更深层意义上的呵护，渴望安全感和依托感。

每天下班时，我骑着那辆破旧的自行车穿行在如织的人流中。我就想，待一会儿，天就黑了，这满街的人都会渗到哪儿去了呢？他们都有自己的房子吗？他们的房子里是不是都有一张宽大的床，床上铺着洗得很白的床单？他们是不是都有一只高压锅，高压锅里焖着喷香的米饭？他们踏进自己的小屋里，全身都会放松下来，脱掉箍得绷紧的皮鞋，换上软绵绵的拖鞋。或者，他们像我一样，寄居在别人的房子里，每天都提心吊胆地等着别人来撵？其实这也只不过是想想，每个人都会有自己的归宿。地上爬来爬去的蚂蚁，哪一只也不会愚蠢到让自己落到冻饿而死的地步。

有时候很羡慕蜗牛。在高楼大厦的丛林里，只有他们才是最充实的。他们爬得很慢，身后留下一道湿湿的印痕。很累，但是他们不哭。他们背上背着自己的家。他们随时可以把受伤的触角缩回房子里。比起那些从乡村飞进都市里的麻雀，他们没有裸露的欲望和痛楚。他们只是静静地爬着，一路走一路诉说。

我骑着自行车，背上只有一个牛仔包。我瘦弱的躯体在昏黄的霓虹灯中显得异常单薄，一阵风也挡不住。我得承受所有加给我的东西。所以我只有盼着那些伤口愈合，结痂，使皮肤变得坚硬，然后我用自己的皮肤保护自己。我的皮肤就是我的家。

最终谁不是自己保护自己呢？房子只挡得住暂时的寒冷，心灵的宁静却需要长时间的构筑。我抬头看着一排排黑漆漆的楼房，只有很少的窗子里透出灯光。它们是没有生命的。

我把灵魂折叠进牛仔包里。想象着，明天我该住哪儿呢？

狗若是强壮

公共汽车停下，上来一人。此人身高近一米九，大腿有小孩的腰那么粗。典型的膀大腰圆。他一上来，整个车门的光线立刻都被他挡住了。

这个人头发乱蓬蓬的，上面沾满了尘土。他脸上也一道道的，辨不清是什么东西。他身上穿着一件廉价的革质夹克，后背上划开了一个长长的大口子。不知道他是干什么的，但有一点可以肯定，他是个靠体力为生的底层人。

他往车厢里面走的时候，蹭着了一个打扮时髦的女孩儿，那女孩立刻厌恶地转过身去。而且，旁边的乘客也都是谁也不用正眼瞅那个上来的人。

我忽然心生奇想，假如这满车厢的人都是一种动物，比如狗，而上来的是另一只雄壮的狗。那么情形该如何呢？肯定是所有的狗都面露敬畏，惶惶地夹起尾巴，闪出一条路来。它们都怕这只狗来咬自己。在狗的意识里，体力就是权威，牙齿就是语言。它们的选择方式非常单一：你能咬过我，你就是上帝。

人则不同。上车的这人若是衣着光鲜，大腹便便，手里拿着手机，腋下夹着大皮包，头上打着摩丝，进来后再散发着满身的香气。那么，全车的人便低眉顺眼，自惭形秽了。

当然，人也是怕拳头的。但是，人们更怕冷笑，更畏惧金钱和权力。

人和狗的不同在于，他们崇拜多种多样的东西，他们惧怕多种多样的东西。

孩子

在这个世界上，只有孩子才是最美丽的。我指的是那种内在的美。

没有谁会毫无来由地去恨一个孩子，这个世界上所有的恨总是缘于先遭受了伤害。被伤害者施之于报复，使先发起者受到同样或更大的打击，转而成为被害者，被害者再以牙还牙。如此冤冤相报，总无了结，偌大个人间，到处是乱飞的箭，到处是伤人的刀，于是到处也竖满了自卫的高墙，人们躲在那座座虚弱的墙后面，苟且偏安。

而孩子不，他们不设防，他们是白纸一张。打也好，骂也好，恶语侮辱也罢，孩子坦然地接受这一切。最多是号啕大哭一场。孩子绝不报复你，只是用一双至真至纯的眼睛望着你，一直看穿你阴晦的内心。金庸的《笑傲江湖》中，令狐冲练成“独孤九剑”，百招皆失，遂天下无敌。以无招胜有招，恰似孩子以坦然对待世间的明争暗斗，钩心斗角。不设防则无须防，所以最终也没人去恨孩子。孩子是我们返璞归真的哲人。

每当我看到到处乱爬的孩子抓起地上的任何东西（哪怕是一堆烂泥）就往嘴里塞的时候，我都笑不出来。我会涌起发自肺腑的感动。孩子们这是在体验啊！他们是靠嘴吸吮奶汁维持了自己的生命，嘴是他们最直接的生存工具。他们对于不知道的总是毫不犹豫地用自己最宝贵的东西来考察，来体会，这有什么可笑的呢？在我们这个越来越不能明辨是非的社会中，人们相信权威，相信书本，被动地接受广告的弥天大谎，盲从地疯狂追逐那些自己也不知道为什么要追的东西。轰动效应，人云亦云。人们越来越多地丧失了考证的耐心和自信。虽然有那自称不崇拜名人的人存在，但他们也很少去验证自己所接触的事物的真伪，只不过在跟着感觉迷茫地走。他们打出的旗号事实上是另一种形式的随波逐流，是哗众取宠，更无可取之处。

烂泥固然腌臜，但我们仍然要被孩子那种勇于探索的精神深深感动。

我常常驻足凝望孩子们的游戏，踢毽子、跳房子、过家家，他们常常满头大汗，小脸红扑扑地沾满了尘土。但他们从不会因为劳累而停下来。他们执着地以为自己在做一项艰难而伟大的工作，无论成败如何，他们从不在乎，他们只是深深地投入。

成人们却没有闲暇去注意孩子们的游戏。他们有自己的事要做。大至国家的疆土，种族的兴亡，连绵不绝的战争和流血，谈判桌上的虚假握手言和，小到一家老小的吃穿用度，锅碗瓢盆，无一不让他们牵肠挂肚，眉头紧锁。他们或衣冠楚楚，或服饰不整，在大街上行色匆匆地前奔。他们太劳累了，灵魂上已经皱痕累累。他们难得停下来看看那些欢笑着游戏的孩子，不由得轻轻发出一声长叹："孩子们多幸福啊！"

这是一声居高临下的长叹。但他们哪里知道，在这些汗流满面的孩子心中，那些大人们的劳顿奔波，满腹心事何尝不是一种游戏，只不过这种游戏十分乏味，远没有他们自己过家家那样有趣罢了。

凝望孩子，我们像凝望一面镜子，一种哲学。

冬天的麻雀

冬天里在街道上走，偶尔看到一大群（估计有十几只）麻雀正扑棱着翅膀飞入街角的一丛荆棘里。抬起头来，高高的电线上还落着几只。此时正是风雪交加的时候，行人们都裹紧了身上的衣服，匆匆地从凡俗的生活中穿过。

我再次把目光投向那些麻雀，心一直就那么紧紧地揪着。我真担心它们被活活冻死。

它们为什么要从遥远的村庄来到这喧嚣的城市里呢？它们是怎样从乡村远涉数百里，来到这里的呢？

这似乎只能是个解不开的谜，我们也无法追究得出。只是觉得，如果在乡间小路的尽头，有一棵树，那树上停着灵巧的麻雀，才显得自然和理直气壮。

如果顺着这个思路一直走下去，便会想到：这些麻雀该如何在城市里生活呢？首先是吃。在郊外，随便几颗撒在地上的谷粒就够它们果腹的了。再饿了，甚至可以到农民的粮囤上去找食吃，那些人是不太在乎这点儿东西的。可在城市里呢？柏油路上除了匆匆忙忙的脚步，光洁得什么都没有。那种干净是冰冷的，是没有人情味的，别说找粮食，你甚至连一片温暖的树叶都看不见。吃几颗烟头，或是几管丢弃在马路边的口红？

还有住的地方。城市里有的是楼房，一个一个鸽子窝似的。可是，没有属于它们的一块地盘。我找了找，大概也只有平整的楼顶上能做它们的栖身之处。可楼顶是坚硬的，没有松软的旧棉絮，没有在风中摇摇晃晃的树枝。它们蜷缩在那儿，羽毛都会被硌得生疼，在这样的“床”上，梦也会做得不舒服。

特别是它们的生活。这么孤零零的一小群，整日里做什么呢？在乡下时，它们可以和成群的同伴嬉戏、飞舞，在庄稼地上空滑翔，呼吸着未熟的玉米散发出的香气，它们还能在打谷场里随便什么地方站一会儿，看蓝蓝的天空上几朵白白的云彩飘过去。可在这儿呢？它们紧张地蹲在电线杆上，小心地提防着别人来伤害自己。

我更愿意把它们理解成是一群年轻的、对世界充满了好奇的麻雀。它们到城市里来是看风景的。对来来去去的公共汽车和出租车来说，它们只是旁观者，是过客。

我希望它们在死亡之前能回到家乡，掩埋它们躯体的，应该是乡下的泥土，而不是城市里的生活垃圾。

泪里看人生

那天在广场上看到一位年轻的父亲领着他三四岁的儿子在洁白的石板路上走，不知为什么小孩子忽然发起脾气来，大概是想要一件什么东西。做父亲的也是性格急躁，训斥了他几句。小孩便哇哇地哭起来，坐在地上哭得上气不接下气，满脸都是横七竖八的泪。看着他那委屈的样子，我忽然产生了一种莫名的感动。在我们这个年代，还有谁会如此毫无顾忌地泪流满面呢？

我固执地认为，眼泪是一个人身上最宝贵的物质，它凝结了一个人的挚爱、痛恨、辛酸、惊喜、悲伤和欣幸。无论这些情感因什么而来，但一个人只要还有泪，就证明他是一个还在乎的人。

在我的家乡有一个邻居，是名40岁的中年妇女，平时性格特别开朗。去年清明节那天，我和爷爷到祖坟上拜祭。我们在路上看见那个邻居正伏在坟上撕心裂肺地痛哭着。那场景真让人不忍目睹。我和爷爷赶忙走过去了。

等我们回来的时候，那个邻居已收拾好坟前的祭品，准备朝回走了。她看到我们，便和我们有说有笑地谈起来，全然不似刚才那个伤心欲绝的人。

我想，那位邻居刚才的悲伤是假的吗？肯定不是的。她在自言自语中一定是想起了某一件往事，而这件事与坟中的隔世的人有关，一下子击中了她心中隐秘的脆弱的那一部分。于是她哭了。但是这种痛只持续了很短的时间，如闪过的流星，人性的光亮马上就被那铺天盖地的凡俗杂事湮没了。她是活在油盐酱醋里面的。她的泪水来如海水涨潮，转眼间就落了。她的生活依然平静、沉闷。

我也曾见过街上那些垂垂老矣的人。他们拄着拐杖，皱纹里刻满沧桑。他们的面部表情是刻板的，他们历尽了人世间的风霜雨雪、大悲大喜之后，对一切都已参透。他们会哭吗？很难想象，一位须发皆白的老人会涕泪横流。

忽然就想到这样一个词：人生如泪。我这样说并不是指对人生悲观失意，而是指出一种状态，即，泪水乃是衡量一个人是否还鲜活地活着的标志。随着岁月的更迭，生命中多了各种各样的枷锁和羁绊，泪水也许不再是灵魂的本质，而成为一种面具。待人到老年，红尘顿悟，哪里还会有波澜起伏的惊喜与伤感？对一切全都能够泰然处之。泪水尽失，生命也便走到了尽头。

我庆幸，我今天还有泪水；我祈祷，明天，我还会真切地流露伤悲。

世界定格一秒钟

假如有那么一秒钟，世界突然定格，所有的人和物在这一瞬间都失去了思维，失去了记忆，像雕塑一样，每个人都保持着刚才的动作，一动不动。这时候，唯有你行动自如，可以到处游走，你走上街头，走进一幢幢楼房，走进一切最公开和最隐秘的地方，你将看到什么？

公共汽车上一副副木然的表情；酒吧里一个男人正向女人举起酒杯，脸上暧昧地笑着，牙床都露了出来，而他的目光明显地穿越女人，抵达女人背后一名衣着暴露的少女；路边老妇牵着的那条京巴正扬起头，像要咬谁；一个推自行车的人正站在马路中间，一名警察愤怒地向他伸着手；一支烟蒂在一辆出租车的窗边停滞住；办公室里，偌大的办公桌前一名老板的脑袋深埋在自己的臂弯里，头发绝望地蓬乱着；一个人正把一个厚厚的信封递到另外一个人的手中，此刻，两个人都面无表情；楼道里一名清扫工正弯腰拣一张废纸，一颗滑落的汗珠定格在半空中；商店里一个人面对着售货员，把手指向柜台里面，与此同时，一只陌生的手正插在他的衣兜里；一个乞丐呆呆地打量着从他身边经过的人，脸上竟挂着一丝笑容；一个肥胖的女人把手机紧贴在耳朵上，嘴张得老大，像是要吃东西……

你会发现，原来你每天视若无睹的东西，竟如此惊心动魄！

一秒钟后，一切又重新启动了，大家都若无其事地继续着刚才的动作，他们不知道刚才发生了什么事情，他们对你脸上诡秘的笑感到莫名其妙，他们不知道，你夹杂在人流中，其实已经洞悉了所有秘密。

遥控生活

我喜欢一个人在家里，一张接一张地看影碟，看一整天也不觉得累，这是因为我喜欢阅读别人的故事。但是，我特别讨厌那些编故事的人把前面的铺垫设计得冗长不堪，或者在故事中把一个无聊的细节翻来覆去地玩味。每当这时候，我就毫不犹豫地按动遥控器上的快进键，把它们略过去。如果某个情节打动了我，我也可以倒回来，一遍又一遍地仔细观赏。我感谢影碟机的设计者，他们给我创造了一种选择的自由。

有时候我也会想到自己现在的生活。事实上，每个人的生活都比碟片里反映的内容要更丰富。我想，若是我的生活背后也有个遥控器该多好，而这个遥控器就把握在我自己的手里。这样，我面对考卷抓耳挠腮时，或者领导批评我时，我可以偷偷按一下快进键，这一段一下子就过去了，到底是怎么过去的，我不知道，也不想知道。和某个我很讨厌的人要在一起工作好几年，也按快进键，让那几年在我这几十年中被忽略掉，以免想起他或她的名字来就败坏了我的兴致。有人会问，如果我总是这样一味地“快进”，那我的生活还能剩下什么了？其实，能够剩下的还有很多，和好友欢聚时的一幕一幕，金榜题名时的狂喜，和心上人缠绵时的卿卿我我，在风景秀丽的旅游区悠闲地漫步，发工资时一张一张数着那厚厚的一叠钞票……这些场景，有很多可以拿来慢放，一遍遍地咀嚼。生活的时间总长度没有发生变化，而让开心和轻松占据了我所有时间。

按理说，我这篇文章的结尾应该这么写：“可我还是感谢现在的枯燥生活，它让我体验了一天中的一切悲喜，有烦恼，有痛苦，品味煎熬，千般滋味尝过，方觉生活之酸甜苦辣，也许，这才是真正的生活……”我之所以没有这样说，是因为我觉得那是对生活无奈的顺应，是无力改变生活时的自我安慰。事实上，能够遥控自己的生活，这始终是我心中一个无法释怀的情结，一个梦想。那样的生活我们谁也没有经历过，焉知它不会更好？

书生气

我有一友，大学生，闲暇爱写诗。去年夏天他到我租住的小屋找我。同我一屋的朋友是个画家，一看那青年诗人，立刻来了感觉，利用一个晚上的时间给他画了张肖像。问他为什么，他说诗人的气质特好。我知道，我的这个诗人朋友在一些人眼中属于有病的那种人。讷于言，讷于行，买东西常受人骗，与人交谈时也常常前言不搭后语。画家的独特视角也许不足为凭，但如他一样，我也很喜欢这位诗人朋友。

现代都市里的人就像一台台高质量的接收器，每天要接受大量的来自个体方面的信息。报纸、电视、广播，还有同事、朋友之间互相传播的小道消息。这所有一切都冲刷着每个人的心灵，改变着他们的生存状态。趋利避害，他们通过耳闻目睹和亲身体会的经验，选择出最有利于自己的生存方式。所以城市人往往要显得比乡下人“聪明”。他们圆滑、世故、八面玲珑，言谈举止叫人无懈可击。

而我那位诗人朋友显然属于生活在都市里的乡下人。我时常想，他们为什么会是这个样子呢？也许，这跟他们过多地读书、思考有关系。若是这样，他们应该值得尊敬。人们的心态越来越浮躁，还有几个能静下心来把目光专注于枯燥的文字中？他们之所以不善于言谈交际，不油滑，是因为他们心有所专，既有所专则必有所疏，沉溺于自己所关心的东西就必然会忽略掉一些自认为不重要的东西。文字，从内而外改变了他们的气质。我的朋友是一位执着的人文主义者。即使不写诗，他也一直在思考。一句话，他天生就是这种人，书生气十足的一个人。

“百无一用是书生。”他们既然对别人用处不大，当然也就疏离于“正常”的生存体系之外。所以也有一个好处，就是与他们交往不用设防。书生气的人（我指的是那种真正被书卷浸淫了心灵的人），不会钩心斗角，需要物质但不沉迷于物质。大脑里天生缺少一根争权夺势的弦。他们的目光沉静，神色安定，不狂妄、不叫嚣。现代都市人好像患了自虐症，他们见到这些对自己毫无损害的人的神态，便鄙夷地说他们有病，而对那些戏弄了自己，骗了自己的钱财的人，却是一边痛骂，一边佩服。到底谁有病？

有一次我去某大学观看一场辩论会，看到那些大一的学生，一个个西装革履，油头粉面，稚气未脱的脸上带着一种好像被催熟药催过的老成。我想他们真应该多读一点儿书，让自己增加一点儿书卷气。如同以前进入应试教育的误区一样，现代的家长和老师们一个劲儿地对即将踏入社会的青年说，交际能力！交际能力！好像练就了伶牙俐齿就能咬遍天下无敌手。我不相信。因为在那天的辩论会上，我悲哀地听到一个很男性化的女孩子气势逼人地大声说：“在美国的首都纽约……”

我很想告诉她，只要读一点儿书，就该知道华盛顿是哪国的首都。

谁做倾听者

这是一个充满了声音的年代。这在大街上、商店里和办公室里表现得尤为明显。汽车喇叭、讨价还价、高谈阔论。但是，如果让你具体说一下你到底听到了什么，可能我们每个人都会困惑地摇摇头。我们除了自己要忙的事，什么也没有听到。

电视就是一种声音。它几乎充斥了我们所有的夜晚生活。它为我们提供五彩缤纷的画面，报道各种我们关心或不关心的事情。我们像一个个听话的小孩子，规规矩矩地坐在电视机前面。有时候看电视剧，有时候看球赛，第二天到了单位我们还要认真地谈论一下比赛结果。可是，转眼间我们就把它忘掉了。无论是巴西夺冠还是法国夺冠，与我们的生活并没有多大关系。之所以要和别人谈论它，是因为我们怕被别人排斥在外。

报纸也是一种声音。越来越厚的纸张，越来越花哨的版面，充斥在我们每天上班的公共汽车上。耸人听闻的纪实，絮絮叨叨的随笔，也可能使我们的心怦然一动。但是，坐在办公桌前，我们便马上把它扔进了废纸篓里。

还有上级的谆谆教导，朋友的酒后长谈，过后一琢磨，都跟一幕幕滑稽剧一样，带着某种表演的迹象。我们连想都懒得再想一想它。

放眼一看，这个世界好像布满了许许多多一张一合的嘴，它们不停地说呀说呀，极尽描述之能事。我们的耳朵和心灵成了被强奸者。于是，我们转而去“强奸”别人。除了哑巴和凳子，大概没谁再愿意做一个沉默者。

可是，倾诉的对象是谁呢？谁做我们的倾听者呢？

朋友不能。朋友只是某段路上的一个同行者。拐了个弯儿以后，方向渐行渐远，慢慢地就再也听不到彼此的声音了。爱人不能。除了卿卿我我的甜言蜜语以外，你的任何语言都到达不了他（她）的心灵深处。相爱的两个人只是两个病人，根本不该把胡话当成真话。陌生人更不行。在大街上随便拦住一个人向他倾诉衷肠，也许他一时好奇听了你的诉说，可转回头他就把它当成一个故事去向别人讲述了。你只是点缀了他的生活。同事不行，同学不行，同乡也不行。

难道，我们就只能像一个碎嘴子一样只管去说？套用一句话：“自己说自己的话，让别人也去说吧！”一个倾听者于我们真的不再重要了吗？大家只管一块儿张开嘴，鼓噪世界，嘈杂世界。那么这个世界将会变成什么样子？

不，我们需要倾听。尤其需要认真的、会心一笑的倾听。因为我们活得太孤独了。我们现在要的是改变自己的诉说方式。你得承认这一点，我们每个人，的的确确，都活得太个人化了。

消失的河流

我家房后有条河，三四百米宽。它几乎每年夏天泛滥一次，发水的时候，激流汹涌地拍打着两岸，我们这些孩子都兴奋地站在岸边，看西瓜、柿子在水中翻滚。有一次，我居然看到一头很大的怪物猛地从水中探出头来，吓得我哇哇大叫，扭头就跑，其他小伙伴也都跟头把式地跟着我跑。从那以后，连续好几天我都没敢到河边去。

等河水平静下来，我们就到河里去洗澡。两岸种满庄稼，河水被毒辣的阳光晒蔫了，干巴巴的粪便漂在水面上，我们依然玩得不亦乐乎。但我们都不敢到桥根下面去，据说那里有个王八窝，有的王八跟锅盖那么大，可以轻而易举地吃掉一个小孩。不过，我们可以在河边“岔鱼”，就是几个人一起坐在水中，腿连腿围成一个圈子，然后大家在这个圈子里摸，总会有几条鲤鱼、鲫鱼或者鲢鱼落网。

说来可笑，我到了10多岁的时候才知道这条河的名字——清凉江，是海河的一条支流。听到这个名字，我们几个小伙伴都笑了，这样一条小河也能称得上“江”？因为在我们的意识里，能够称得上“江”的，一定是浩浩荡荡，一望无际，从水中随便拎出一条鱼来，就得几十斤重，几米长!

十几年过去了。今年夏天我回家时特意到房子后面看了看这条清凉江，发现它已经干涸见底，河床龟裂。弟弟说，已经记不清它最后一次发大水是什么时候了。

1994年，我在长春读大学。晚上和几个同学出去溜达，一起沿着自由大路向前走，前面忽然传来巨大的响声。这是伊通河。站在自由大桥上往下看，真有点儿头晕目眩，见一个巨浪接着一个巨浪，耳朵嗡嗡直响。历史记载，康熙大帝和沙俄进行雅克萨决战时，就曾经通过伊通河运送军粮。可以想象，船头接船尾，那该是多么浩大的场面。我接触过一些长春的老人，他们大都依稀记得当年伊通河上的渔船和拉网人。而今天，流经长春市区的伊通河已经完全死去。上游还有点儿水，远远望去，居然还水波荡漾，其实那是自来水公司放出来的水，只有短短的一小段，两头堵上。车从桥上过，看见下面清亮亮的，还真以为是一条河。而中下游则原形毕露，臭水源源不断地涌进来，死猪、生活垃圾扔得遍地都是。岸上的人泰然自若地走过来走过去。翻开报纸，你会看到，房地产商正起劲地叫卖：“伊通河边花园式小区，打开窗子，阳光和水映入眼帘……”呵呵，搞笑！

不到10年时间，我目睹着一条河流消失了，消失得悄无声息，消失得莫名其妙。

我岳父家在松花江边。松花江，千万年来，养育了东北这块土地。然而，我看到的松花江和童年中的清凉江几乎没有什么区别，平静，狭窄。水，远看是绿的，近看是脏的。清凉江两岸种满了庄稼，而松花江两岸种满了楼房。楼房使劲儿地往江中挤，有种透不过气来的感觉。松花江喘息着，挣扎着，落荒而逃。妻子说，她上小学的时候，松花江岸边都是细细的沙子，像海滩一样，光着脚在上面走，很惬意。而现在，我看到岸边一堆一堆高耸的垃圾山，参差的石块混合着玻璃碴儿，恐怕没人再敢光着脚在上面走。如果有人说，松花江最窄的地方一步就可以跨过去，你一定不信，但是似乎离这样的日子不远了。就连住在松花江边的人也这么想。

2003年我到南京，特意去看看著名的秦淮河。当年秦淮河上的桨声引来无数文人骚客，而今我带着朝圣般的崇敬赶到。但是当我站在秦淮河边时，我的惊讶远远超过我的失落。这是河还是水渠？那一汪水，瘦弱无比，若有若无，一只船横过来，就可以挡住整条河面……

有机会出去旅行，我一定要趴在车窗上仔细搜寻。我希望看到河流，尤其是能够让我震撼的河流。我愿意看到大水，看到浩瀚，看到滔滔不绝的奔腾，甚至看到泛滥。但火车轰隆隆掠过的，除了河床，还是河床，像是一具具巨大的尸体，刻着当年的壮观与荣耀，剩下的却只是记忆。苏轼在一篇文章中叙述长江时说，长江中怪兽迭出，两岸深林幽远。现在的长江只剩下浑浊的泥汤，裸露着身体滚滚而下。虽生犹死啊！河流一条条消失了，伴随河流而存在的神秘和梦幻也消失了。没有了神秘和梦幻，人类的想象也跟着萎缩了。

很多城市，原先都是依河而建。西安，当年号称“八水绕长安”；天津，海河干涸了以后，人们引滦河水入津，如今滦河也干了；洛河，哺育了洛阳，生发出洛神，而今像溪水一样奄奄一息……城市里的人开始搞人造河，抽地下水来补给河流，河床抹上水泥，岸边种上点儿花草，就成了“民心河”、为市民办的几大实事之一。这些伪河流，这些流动的澡堂子，成了城市的无底洞，吞噬着大量的金钱，维护它们，比造一条新的河流成本还高。可我们为什么不多去关注一下那所剩无几的，上天赐给我们的河流？

清凉江边，几个光屁股的孩子正在泥浆里嬉戏。他们也许以为河流本来就是这个样子，其实不是。我把我所见到的记录下来，让他们知道，河流，你们在文字里见到的河流，那是确实存在过的，美丽的河流。

小善可为

从广场的地下通道走过时，总有真残疾和假残疾的人跪在那里，点头如鸡啄碎米。有时候，我会扔个一元的钢镚儿给他们。当然，我并不总是这样做，但偶尔看到白发苍苍的老人们也伸着手，我一定不会让他们失望。他们的岁数和我爷爷奶奶一样大，即使骗我一块钱，还能把我骗穷吗？而且我留意观察了，我这个钢镚儿是他们手中最大面值的钱，他们会因此高兴半天的。

在大街上看到外地人满面汗水地问路，我一定会认真地告诉他，往左怎么走，往右怎么走，乘坐几路车，等等。谁都有遇到难处的时候，这种详细的介绍，费不了我多长时间，但会让他对这个城市留下美好的印象。

我所居住的小区管理很严。保安常常走过来询问每一个进门的人。但是，他们的询问会让人不舒服，因为，如果你衣冠楚楚，他们连问也不问；如果你穿戴得稍微邋遢一些，他们就会问个不停。好几次，业主因为保安以貌取人和他们吵起来。业主偏偏不把每家每户特制的钥匙拿出来给保安看，理由是，我进自己的家门还要受你们限制啊！我也和他们吵过。在我的意识里，他们是看我不像这里的业主才来询问我的，是狗眼看人低。可我现在不和他们吵了。那是人家的职责，大家谁也不认识谁，干吗要故意找你的麻烦。老老实实把钥匙给他们看一下就是了。被问一次就掉价吗？

夏秋季节的傍晚，常常有一些郊区的农户在马路边卖菜。他们黑红的脸上总是挂着谦卑的笑。我和妻子有个默契，从他们手里买东西时不讲价。这些菜，从种到地里到长大再拿到城里来，不容易。我父母也是农民，也种庄稼，从年头忙到年尾，挣的钱很有限。如果不想买，走开就得了。如果想买，也不差那几毛钱。痛痛快快地上秤交钱，双方都高兴。

上大学时，在公交车上见到老人，总要给他们让座。后来参加工作，见识了各种人情冷暖，心有点儿变硬了。尤其见到有的老人倚老卖老，见你坐在那儿，故意往你身边蹭，怎么办？我就硬挺着不让座。后来发现，自己即使不让座，心里也不怎么舒服。让了，反而舒坦了。好，那就接着让座吧。年纪轻轻的，站一会儿又能怎么样？

别人遇到不幸的事了，主动安慰一下；看见人家的小孩漂亮，就夸奖几句；刮风下雨天，把报贩手中剩下的最后几张报纸买下来；从出租车上下来，关门时说声谢谢……

这些事，都不是大事，但是恰恰很多人不愿意去做。我的理解是，他们要么脑子里天生缺这根弦，要么是受过太多的“内伤”。小善乃举手之劳，但愿意做才成小善。

话说回来，这些小善，于我却是重要的事。我常常假设，面对歹徒的尖刀，我是否敢义无反顾地冲上去？面对生死抉择，我是否会面不改色地选择后者？我的答案是，可能不敢，不会！遇到大事，我肯定会像大多数人一样犹豫踯躅，甚至打退堂鼓。我天生做不来大善，但小善积多了，也可聊以自慰。与人为善，与己为善。能独善其身，也就问心无愧了。

阳光

每天上午10点钟，我编稿编累了，就站在窗前看外面的风景。只要天气晴好，我总能看到传达室的那位老大爷坐在楼前的台阶上，眯着眼，望着天，一副心满意足的样子。一年四季，他从不间断。坐在那儿好像成了他雷打不动的功课。这引起了我的好奇。

一天，我终于走到了他的面前，问他为什么总是坐在这儿：“你在想什么事吗？”

“不，我只是在晒太阳。”

“晒太阳很有意思吗？”

“唉！”老大爷同情地看了我一眼，“你瞧你们这些上班的人的脸，苍白的，菜色的，就是没有人色，你们真该晒晒太阳！”

老大爷的一句话确实提醒了我，我们这些在城市里生活的现代人是不是离阳光太远了？从某种意义上讲，我们甚至在有意拒绝阳光。我们每天躲在封闭的办公室里，把门窗都关得紧紧的，一丝风都透不进来。本来窗户是为了透光的，我们却又为它穿上厚厚的窗帘。渴望阳光又拒绝阳光，窗帘使我们显得矫情。再一想，这样做可能出于这样一个目的：留住阳光的温暖，挡住它灼热的光线。都市人真是算计到斤斤计较的地步了。其实我们忘了，阳光不仅带来温度，它的照射还会强化我们身上某些脆弱的东西。它让我们皮肤变黑，变得健康。而我们都喜欢白，“白皙”一向是讨人喜欢的词，也许这就是我们不愿直接接受太阳照射的原因吧？

我的少年时期是在农村度过的。每天在田野里摸爬滚打。几乎都快和大自然融为一体了。夏日阳光暴晒，树和庄稼都在疯狂地绿着，我们的脸上和身上都黑得一塌糊涂。冬天一刮风，阳光就显得瘦弱疲惫了，我们便也跟着萎缩起来，脸上没有了血色，一个个小脸焦黄。但是那时我们都不是或亲近或躲避地刻意与阳光计较，那时我们的身体都十分健康，有着没有理由的壮实。

自从走入城市之后，我便也学着别人小心翼翼起来。天气稍一寒冷，就包裹上厚衣服，稍一转暖又迫不及待地把它脱掉。阳光稍一强烈，便大呼受不了。冬天严寒逼人，我们就靠暖气和空调来烘热自己的身体。我已经忘记了阳光曾经给予我的那些恩赐。是的，这是我们的悲哀，阳光是和水、空气一样的，是大自然送给我们的礼物，它随需随取且取之不竭，但我们都对这厚重的礼物怀着一种不应有的敌意，我们就像躲避害虫一样躲避它们。

听说现在兴起了一种所谓的日光浴。大家都来到一个固定的地方，脱光了衣服，一块儿接受阳光的照射。当然得交一笔不菲的钱才能取得这种资格，而确实还有许多人趋之若鹜。我就觉得这些人是冤大头。在哪儿晒不了太阳？像传达室的老大爷那样，坐在门口的台阶上，找个向阳的地方，问题就解决了。他们之所以有人一方面拉紧窗帘拒绝阳光，一方面又宁可花钱去晒什么日光浴，关键在于那是一种身份的象征，他们真正在乎的还是身份，而不是阳光。这对于阳光来说真是一种亵渎。

算起来，这世界上倒也有一个阳光的忠实追随者，那就是向日葵。太阳转到哪里，它就把脸也转到哪里。它不卑不亢，坦然地向阳光敞开自己。谁也没见它因为晒太阳而失去什么。它金黄的脸庞向人类发出了无情的嘲笑。

我看看老大爷，他依然静静地坐在那儿，眯着眼，望着天，一副心满意足的样子。他对自己每天的功课乐此不疲，我想，这可真是一棵彻悟了阳光的老向日葵啊！

走神儿

相信每个人小时候都有过走神儿的经历，特别是在老师的课讲得枯燥无味的时候，就更容易让我们的思绪从课堂上飞走，飘飘荡荡，浮想联翩。罗大佑在他的歌中唱道：“没有人知道为什么，太阳总下到山的那一边，没有人能够告诉我，山里面有没有住着神仙，多少的日子里总是，一个人面对着天空发呆，就这么好奇，就这么幻想，这么孤单的童年……”我们那儿没有山，所以我对神仙没什么概念，但学校后面是一条河，夏天时我们常常下去摸鱼。当自己面对着窗外发呆的时候，我就想，河里会不会有一条特别大的鱼，偷偷地潜伏在河床下面，静静等待着我们闯进它的嘴里，这条鱼会不会说话？它有没有爸爸妈妈？它的爸爸妈妈在什么地方？有时我还想，要是河里突然发了大水怎么办，我们还傻呵呵地在这儿听课呢，危险却已经悄然而至。这么想着，我就产生了一种赶紧逃出去的冲动。等我迷迷瞪瞪站起来，老师问我有什么事时，我才猛然从遐想中惊醒过来，谎称自己想上厕所。出来后我就直奔河岸，发现并没有要涨水的迹象，才放心地回来。看着老师讲课时一张一合的嘴，我也会陷入沉思，老师的嘴会不会变得无穷大？她的鼻子呢？她的鼻子要是一下子长得特别长，她会不会坐在地上大哭？老师哭起来是什么样子？有一天我要是成了老师，会不会也这么傻傻地给别人讲让人一点儿都听不懂的知识？这么想着，一堂课就结束了，一天也就这么过去了。

我不敢把自己的胡思乱想告诉别人，怕他们笑我是神经病。但有一天我实在忍不住了，就偷偷和几个同学交流，问他们是不是也走过神儿，没想到他们个个都和我差不多，一个小伙伴甚至告诉我，他时常想，要是自己忽然长了翅膀从教室里飞走，会不会把老师吓一大跳！

我这才知道，在童年，遐想是无所不在的，我们每一个人都随时会被另一个世界带走，在另一个空间里尽情遨游。

转眼之间我就长大了，并且工作了，每天被现实的东西纠缠着，疲于奔命。一有空余时间马上就进入沉睡状态——我实在是太累了。有些日子，拥挤在满是汗味儿的公共汽车里，我也会突然走神儿，但是我想的是：我要是挣了500万，我就马上辞掉这份工作，我才不愿意和他们虚与委蛇了呢！还有某某又在背后对我使坏了，我是不是该找人教训他一顿？我要是把他揍个生活不能自理，我能不能逃脱法律的追究，如何逃脱？汽车一晃，我从想象中醒来，忽然感觉到自己非常可悲，我已经深深地被凡尘俗事所困扰，再也没有小时候的空灵与冲动了。走神儿不再是走出来，而是陷进去，陷在无聊的纷争里不能自拔。我连个做梦的机会都不再有了。

越活越慢

如果可以用最简短的话来描摹一个人的一生的话，那么我想用下面这段文字来进行描述：

刚出生时，这是一个给大家带来希望的小生命，所有的人都对他充满了美好的期待，有的人希望他将来成为大老板，有的人希望他成为叱咤风云的领袖。对于一个孩子来说，对他寄予什么样的希望都不算过分。一岁时，他会走了；三岁时，他会说话了；五岁时，他就会和别人打架了。父母看着镜子里自己脸上出现的皱纹，都感慨地说，时光不饶人啊，转眼间，自己的孩子都这么大了。六岁时，他刚知道一加一等于二；10岁时，他已经熟练地掌握了四则运算；15岁，他在全县的科学知识竞赛中获得了名次。这短短的几年，他已经出落成举止稳重的小伙子了。20岁的他是什么样，你无法想象，可以是大学生，也可以经商做了小老板。就让我们沿着前一种方向去进行设想吧：22岁他大学毕业，参加工作，意气风发的年龄很容易得到领导的重用；两年之后，他就成了单位的业务骨干；再过两年，成了部门里的副手；如果一切顺利，又过两年就扶正了。也就是说，不到30岁，他已经功成名就。周围这样“年少有为”的例子很多，并一度被人们口口相传，誉为楷模。

从20岁时除了激情一无所有，到25岁时被社会认可，再到30岁时成为某个部门或者单位的中流砥柱，只不过弹指一瞬的短短10年。然后再让我接着设想：从30岁到40岁，又会怎么样？剔除那些为数很少的，能力呈几何级数倍增的真正精英分子外，大部分人开始守着这份“家业”享受生活的快乐，既有物质上的充分满足，也有违心的阿谀和假模假式的认同。当然，为了维护这种愉悦，他要付出大量的心血来与周围的同僚争斗。这是年轻力壮的10年，头破血流的10年，即使能再往上爬几步，也是以人格的屈辱和异化作为代价。这10年他周围的环境变化不会太大，甚至身边那几个人还都是同一副面孔，与前10年相比，大喜大悲也明显减少。从40岁到50岁呢？这是几乎不给人以任何想象的10年，自己的利益高于一切，生怕受到一点儿冲击。墨守成规，他是一个成熟的领导者，一个在位子上一蹲就不肯再走的人。日复一日，他让下面来了又走了的人每天都看到一张表情麻木、逐渐衰老的脸。

我的意思已经表达明白了，人们的生活规律似乎有着这样的共性，随着年龄的增大，节奏总是越来越慢，生活越来越可以预测。一个人的20岁到30岁，什么可能性都存在，但一个人的40岁到50岁，他在过着什么样的生活，你几乎不用想象就能猜得出。这是因为他的生活越来越缺少变数，指向越来越单一，每一天都很少再出现新的内容。

在我们周围，有很多这样的例子，他62岁和72岁时的生活已经没有一点儿实质性的差别，除了头发变得更白，步履更加蹒跚。我们不能要求一个人每天的生活都发生翻天覆地的变化，但起码他是在复制自己的时光，让自己存在的意义降到了最低。有时我会想，人为什么要死呢？也许就是因为我们活着已经与死了没有区别了。

祝你平安

每天在都市里生活，常常真切地感到生命如此脆弱。街道上一辆接一辆的汽车，自行车道上川流不息的自行车。时不时就有行人从人行道上横穿马路。如果站在远远的高楼上往下瞅，你会感到那行人就像一片树叶一样弱不禁风，一个躲闪不及，就会被飞驰而过的汽车撞得飞起来。

城市里每天都在发生这样的悲剧。有一天早晨我骑车去上班，在相距仅仅五百米的距离内，竟然看到四起车祸。有的大，有的小，大的是两辆小轿车相撞，车头都被撞得变了形，小的是一个骑自行车的人，撞倒了一位老太太。每一起车祸旁边都围着不少人在看热闹。然而我并不忍心看那血淋淋的场面。每当这时候，我都会悲伤地想，如果当事人是我的亲人或挚友该怎么办呢？我的心就一阵一阵地发紧。

也只有在这时候，我才会非常强烈地感到，什么轰轰烈烈的事业，什么缠绵悱恻的爱情，还有钩心斗角，尔虞我诈，冷漠的面孔，热烈的交流等等，其实它们都已不重要，如果在一个美好的日子里，让我向我的亲人和朋友送些祝福的话，我一定毫不犹豫地送他们四个字：祝你平安。

我的好友徐锋是名颇有才气的美术老师。在我们两人同租一个小屋的日子里，他已经辞掉了自己的工作，每天早出晚归地帮朋友画展板，办画展，设计图纸。他做事非常投入，常常一干几个小时，忘记了吃饭。饿了买几个馒头，就着大葱蘸酱吃下去。为朋友们忙活完了以后，为表谢意，朋友们又总要把他拉到饭店里山珍海味大吃一顿。这样饥一顿饱一顿，几个月后，他得了胃病，几乎虚脱在家里。

我去医院看望他，见到他面色苍白地躺在病床上。那一刻我的心里充满了自责，本来我是可以提醒他注意一下饮食规律的。同时我对他的几个朋友也产生了隐隐的不满。现代人常常以为酒桌上的觥筹交错可以一笔勾销许多人情债。殊不知，你如果真正关心一个人，爱一个人，最应该关心的就是他的身体，让他不得病，不出事，平平安安地度过生命的每一天。他们总以为只有美酒佳人，灯红酒绿才能表达自己真挚的感谢，而实际上这却脱离了事情的本原，把海面的浪花赠人，把海底丰富的矿物轻易丢掉。从这个意义上讲，一顿珍馐美味确实还抵不上日日有规律的粗茶淡饭。

有一首歌叫《祝你平安》，那是一首旋律优美的流行歌曲。人们信手拈来地在点播台把它点来点去，作为节日的祝福送给自己身边的人。听着他们在电话里那嘻嘻哈哈的声调，我每每感到莫名的悲哀。它成了一个滥俗的、轻飘飘的象征，人们很少想一想“祝你平安”背后自己应该承担的那份责任。也很少去真正地做点儿什么。

祝你平安，祝你平安。它是什么意思呢？它的意思是：你平安我就心安，我要尽我所能让你平安。

第四章

阳光灿烂

有没有人爱，我们也要努力做一个可爱的人。不埋怨谁，不嘲笑谁，也不羡慕谁，阳光下灿烂，风雨中奔跑，做自己的梦，走自己的路。

老绅士

公共汽车上上来一对老年夫妇。老太太满头银发，精神矍铄；老先生同样满头银发，梳理得一丝不苟，但是他腰板儿微驼，脸色有点儿苍白。两个人一上来就吸引了车里所有人的目光。老太太先把老先生扶到一个座位上，自己找了相邻的位置坐下。车上的人越来越多，汽车过了几站，上来两个年轻人，一个小伙子和一个挺着大肚子的孕妇。售票员喊了一声：“哪位好心人给孕妇让个座？”没有人回答，空气一度凝滞。这时老先生站了起来，说：“孩子，你来坐我这儿吧。”老先生的声音很微弱，好像大病初愈的样子。孕妇道了声谢，坐下了。

老先生站在了老太太的旁边。老太太责怪地问他：“唉，你忘了自己的身体了吗？”他笑笑，扶着妻子的椅背，眼望着窗外。老太太试探着问他：“要不，你坐在我这里？”他坚决地摇摇头。终于有人站起来，对他说：“老先生，您到我这里来吧！”他说：“谢谢，我站一会儿没有事。”一直到站点，老先生被妻子搀扶下了车。

这是朋友给我讲的一件小事。他有点儿疑惑：“你说，那位老先生是怎么想的？”我告诉他，其实，这是个做了一辈子绅士的男人，今天他老了，身体不好了，希望别人尊重自己，但不愿意别人来剥夺自己做绅士的权利。

爱的抉择

一个胖胖的女人，50来岁，站在肉摊前，手里抡着刀，“咔咔”地切肉，汗水顺着她的脸颊淌下来，脂粉被冲成了一条条小河沟。她的生意好极了。卖完肉，她坐下来和别人聊天。她坐下来都和别人站着一般高。电视大屏幕里正在播放一场排球比赛，她甩了一把汗，粗门大嗓地说：“这有什么呀？当年我还差点儿成了排球队员呢！”旁边的人都笑：“瞅你那体形，还打排球呢，你能跳起来吗？”见别人不相信，她认真起来：“当年我可瘦了，一米八的个儿头，才120多斤。我弹跳力特别好，人家教练一眼就相中我了！”

“你说说，到底是怎么回事？”在大家的起哄声中，胖女人讲起来。

那年她才14岁，在一所体育学校练习打排球。一天，部队到学校里来选拔苗子，老师推荐了她，负责选拔的干部们一看到她那高挑的身材，眼睛都亮了，一致认为这是名非常有潜质的排球队员。但是，在填写政审表时，却遇到了困难。解决办法只有一个，即，她的父母必须离婚。她回家把这件事告诉了母亲，母亲沉默不语。第二天早晨，她看到母亲的头发竟然在一夜之间变得花白了！

“孩子，我知道你很想参加这个排球队，但在你父亲和这份职业之间，你必须做一个选择！”一面是令人羡慕的未来，多少人争破了头都抢不到这个机会；一面是身陷囹圄的父亲，因为他，自己受尽了委屈和白眼。在这个抉择面前，母亲也犹豫了，一面是曾经同甘共苦，但现在孤苦无依的丈夫，一面是正当花季，人生之路才刚刚开始的女儿。无奈之下，她把选择的权利交到了女儿手中。而女儿，其实从来就没有犹豫过，对母亲讲这件事情的经过时，她就再三申明：“妈妈，我爱爸爸，我知道你也爱爸爸，我们都相信爸爸不会是那样的人。我不参加排球队了，我要爸爸。”这样，她理所当然地被刷下来了。

有人问胖女人：“你后悔吗？”“不后悔，我现在不是挺好吗？去年，是我老爹老妈金婚纪念，提起这件事来，他们都哭了。”

中午的时候，一名白发苍苍的老太太来给胖女人送饭，她就是胖女人的母亲。看女儿大口大口地吃饭，她眼神里漾满关爱。

喜欢

爸爸病倒了，住进了医院。女儿每天和妈妈陪在医院里照料爸爸。几天以后，妈妈急火攻心，也病倒了，并且做了手术。15岁的女儿每天要照料两个病人。这突如其来的变故让女儿仿佛一夜之间就长大了，她清晨就要起床，当其他孩子还在酣梦中的时候，她已经做好饭披着晨曦送到医院。看着孩子日夜忙碌，一脸的倦容，妈妈很不放心，也很心疼：“累了就歇一歇，你要是也病了，咱可就全家‘覆没’了。”女儿却一个劲儿地安慰妈妈：“没事，我什么都会做了，您想吃什么就告诉我吧！”妈妈笑了，告诉她，自己非常想喝鱼汤。“好啊，我中午就给您做鱼汤。”

下午很晚的时候，女儿才到医院来送饭。打开饭盒，妈妈愣住了，她看到里面差不多是一条“煎鱼”，干干的，没有一点儿汤。“这是怎么回事？”妈妈疑惑地问。女儿很不好意思地说，在做鱼汤的时候，她守在旁边睡着了，醒来才发现，鱼汤被熬成了这个样子。

这是在《超级女声》的现场，张靓颖的妈妈讲的故事，张靓颖就是故事中的女儿。她说，孩子这是累坏了。当时，妈妈在上面讲，女儿在下面听着，哭得一塌糊涂。我坐在沙发上看这个节目，眼泪也止不住地往下流。很久没有这么感动过了。

现在，在我的电脑上和办公桌上都贴着张靓颖的贴图。有人说我，都30多岁的人了，怎么又开始追星了？我笑笑无语。我就是喜欢这孩子，是真心喜欢。

伤

有个女人，从六楼跳下来，摔得血肉模糊。她失恋了。电视画面触目惊心。有人说，都什么年代了，还为失恋自杀？其实，哪个年代没有为失恋自杀的呢？他或者她，盯住了特定的爱的对象。对象没了，他们的希望破灭了。他们与爱同进退。从生物本能来说，我们当然应该劝他们别这样做，但谁有把握劝得住他们？

爱这种事情，永远说不清。

从报纸上看到一则新闻。有位中年男子，给报社热线打电话，说他一个朋友要自杀，自己怎么劝也劝不住。女记者身经百战，在这方面很有经验，决定出马去试试。那个中年男人把记者领到铁路桥上，说："我那个朋友一会儿才来，我先给你讲讲他的故事吧。"

于是，中年男人讲了一个十分凄美的爱情故事，故事复杂而缠绵，但女主人公最终还是离开了男主人公。女记者越听越不对劲儿，正在犹疑，一列火车轰隆隆驶来，中年男人大喊一声："那个男人就是我，永别了！"白光一闪，他纵身跳到了铁轨上……

你可以想象这场景对目击者的刺激。

自杀者为什么要这样做？他平白无故地伤害了一个完全无辜的弱女子。或许，他的伤太深了，他想悲壮地离开，并被人记下来。

他爱的人伤了他，他再去伤别人，记者写下来，对读者何尝不也是一种伤？

我想，人类确实太脆弱，一个指甲刀、一块玻璃、一只筷子都可以要他的命。一只蚂蚁从摩天大楼上掉下来，它飘啊飘啊，落到地面上，拍拍屁股就走了。人还不如一只蚂蚁。一只蚂蚱落到铁轨上，它抬一抬脚，就躲到草棵里去了。因此，我期待有一天，人类发明有重大突破，可以让人的身体变得更加皮实。不小心被汽车撞上，仿佛撞到橡皮，砰的一声，弹到很远的地方，被撞者站起来，抬腿走人，啥事没有；一个人从楼上掉下来，像个皮球一样，砰砰砰砰，弹跳完毕，站稳，走人；若是掉到大海里面，只管漂着就行了，不渴也不饿，什么时候被潮水冲到岸上，什么时候回家……这样一来，车祸、天灾，几乎不再是问题，人类无谓的伤害将大为减少。

但是，如果一个人有爱、有伤，再好的发明也没用。他或者她，彻底绝望，一心想着自己解决自己，只会采取更惨烈的方式，不管他的身体多么结实。伤，还是避免不了……

当爱情不再肉麻

妻子翻检旧物时，把我当年写给她的情书和诗歌找了出来。我重新阅读，感到十分肉麻。我回忆了一下，当时自己写这些文字确实是发自肺腑，送出去后心里久久难以平静。熏风荡漾的年代，我们爱得很认真，很肉麻。

也许爱情就应该肉麻。

古典爱情中虽然也有死去活来，但不肉麻。像梁山伯和祝英台、白蛇和许仙，都以惨烈著称，《西厢记》里的崔莺莺和张生，则是典型的才子佳人，水到渠成，恰到好处。肉麻是什么呢？是卿卿我我，耳鬓厮磨，让人一听就起一身鸡皮疙瘩。叫别人受不了的，才算肉麻。苏轼回忆自己的亡妻："十年生死两茫茫，不思量，自难忘。千里孤坟，无处话凄凉。纵使相逢应不识，尘满面，鬓如霜。夜来幽梦忽还乡，小轩窗，正梳妆。相顾无言，唯有泪千行。料得年年肠断处，明月夜，短松冈。"也叫人为之伤感，但这种伤感满含着悲怆、凄惶，谁都能接受。人同此心的，就不肉麻了。晚清时沈三白的《浮生六记》开始有了点儿肉麻的意思："至乾隆庚子正月二十二日花烛之夕，见（陈芸）瘦怯身材依然如昔，头巾既揭，相视嫣然。合卺后，并肩夜膳，余暗于案下握其腕，暖尖滑腻，胸中不觉怦怦作跳。"闺房中那点儿暧昧的事，端出来跟读者共同分享，既满足了许多人窥私之欲，自己也欣欣然得意。

五四新文化运动之后，爱情的肉麻才抵达高潮。当时的文人墨客多风流自信，与心上人的窃窃私语常被公之于众（他们的情怀抒发，本身就带有一定的表演性质也未可知）。鲁迅和许广平、石评梅和高君宇、萧红和萧军、郁达夫和王映霞、郭沫若和安娜、徐志摩和陆小曼等均有让人肉麻的情书，其中尤以徐、陆的《爱眉小札》为最。"我的肝肠寸寸的断了，今晚再不好好的给你一封信，再不把我的心给你看，我就不配爱你，就不配受你的爱。我的小龙呀，这实在是太难受了，我现在不愿别的，只愿我伴着你一同吃苦——你方才心头一阵阵的作痛，我在旁边只是咬紧牙关闭着眼替你熬着。龙呀，让你血液里的讨命鬼来找着我吧，叫我眼看你这样生生的受罪，我什么意念都变了灰了！你吃现鲜鲜的苦是真的，叫我怨谁去？""你多美呀，我醉后的小龙，你那惨白的颜色与静定的眉目，使我想象起你最后解脱时的形容，使我觉着一种逼迫赞美崇拜的激震，使我觉着一种美满的和谐——龙我的至爱，将来你永诀尘俗的俄顷，不能没有我在你的最近的旁边，你最后的呼吸一定得明白报告这世间你的心是谁的，你的爱是谁的，你的灵魂是谁的！龙呀，你应当知道我是怎样的爱你，你占有我的爱，我的灵，我的肉，我的‘整个儿’。”这样的腻腻歪歪，在当时确是惊世骇俗的。其实，此前此后的情人们，互相之间的肉麻比这更甚的，一定还有。但那些都是私密的，只存在于两个人之间，没有公开。公开和不公开，这就是个分水岭。肉麻本是获得异性前的强烈冲动，是两人结合的前戏，是让对方晕晕乎乎、放弃抵抗的技巧，让对方举手投降的武器。肉麻被释放出来（公开出来），“麻”到别人，才能让社会震撼，让别人也跟着改变。肉麻是兴致的本能、人性的本能、情感的爆发。有着巨大的感染力。只有公开，才能相互感染，相互激励，使被压抑的本性回归本性。而且，肉麻不会因为获得了异性就立刻丧失，虽然会递减，但依然要持续一段时间，在持续的过程中，整个人始终都精神着，人本身的潜能时时散发出来。

可惜，肉麻的极致即尾声。此后很长一段时间里，人们谈情色变，谈性色变。一直到20世纪80年代，由邓丽君肇始，琼瑶和三毛紧随其后，肉麻的情调才渐渐走回来。但肉麻再也找不到落脚点了。看一看经典的琼瑶式肉麻：

男：对，你无情，你冷酷，你无理取闹。

女：那你就不无情？不冷酷？不无理取闹？

男：我哪里无情？哪里冷酷？哪里无理取闹？

女：你哪里不无情？哪里不冷酷？哪里不无理取闹？

男：我就算再怎么无情，再怎么冷酷，再怎么无理取闹，也不会比你更无情！更冷酷！更无理取闹！

女：我会比你无情？比你冷酷？比你无理取闹？你才是我见过最无情！最冷酷！最无理取闹的人！

男：哼，我绝对没你无情！没你冷酷！没你无理取闹！

女：好！既然你说我无情，我冷酷，我无理取闹，我就无情给你看！

冷酷给你看！无理取闹给你看！

男：看吧，还说你不无情？不冷酷？不无理取闹？现在完全展现你无情、冷酷、无理取闹的一面了吧！

这段在网上被当作笑话的对话，其实在情人之间并非不可能发生。因为不合常理才肉麻，因为肉麻才私密，才可爱。徐志摩式的肉麻被抛弃了，琼瑶式的肉麻被解构了，人们没有找到适合这个时代的肉麻来代替它。肉麻再也没有文字的证据。反观一下琼瑶和三毛的肉麻，竟是那么干净，那么传统的纯情啊！

别说徐志摩的爱和琼瑶的爱很幼稚。这就是爱，是传说中的爱。他们注重精神层面的感受，像品酒一样品尝它。他们自得其乐，忘乎所以，唯我独尊。

我的确不知2020年的人怎么谈恋爱。可是我知道，一个男人，或者一个女人，要获得一个异性的性，已经越来越容易了。一个眼神勾搭一下另一个眼神，两人立刻上了对方的钩。在网上三言两语，一拍即合，便到宾馆开房去了。他们不必再绞尽脑汁地吸引对方，也不必抵达对方的内心，抵达对方的暂时需要就可以了。

肉麻的缺失，不是肉麻多余，而是肉麻珍贵，越来越稀少了。

一个人到什么时候都需要爱。艳照门的直白永远替代不了肉麻的真诚。

爱在瘟疫蔓延的日子

一对男女偶然相遇，一见钟情。女主人公对跟男主人公说：“我回去以后，把自己的联系方式写到一本旧书里，然后卖给旧书店。你记着，那本书叫《爱在瘟疫蔓延的日子》。如果你能得到这本书，证明咱俩有缘分。”

随后，他们分开了。男孩儿见到书摊上卖《爱在瘟疫蔓延的日子》，就忍不住要打开看一下。跟你想象的一样，他只能一次次失望。后来，就在结婚前一天，作为配角的未婚妻送给他一本书，做定情礼物，礼物是一本初版的《爱在瘟疫蔓延的日子》，上面赫然写着女主人公的联系方式！

这是电影《缘分天注定》中的情节。多浪漫啊。我想，如有可能，我愿意在电影中担任一个角色。我不做男主人公，也不做女主人公，我要做《爱在瘟疫蔓延的日子》的作者！

我的一本书，不是靠内容，就靠一个名字，简单几个字，成人之美，多好！

嫁给他

如果一个男人对一个女人说：“嫁给我吧，我会让你幸福。”女人没嫁给他，说明女人没信他的话；若是女人嫁给他了，也不一定真的信了他，她有可能半信半疑。男人让女人幸福的方式有很多，嫁给他，只是方式之一。把对方介绍给一个比自己更出色的人，也是一种方式嘛！但男人预设了一个前提，必须嫁给我，我才能让你幸福；不嫁给我，我怎么给你幸福？

古戏《马前泼水》中，朱买臣自称读书是为了让老婆过上好日子，老婆崔氏等不及，改嫁别人。有一天朱买臣金榜题名，回家夸官。崔氏找上门要求复婚。朱买臣往地上泼了一盆水，让她收起来。崔氏当然做不到，只好一死了之。其实，崔氏只是让朱买臣兑现前言，你不愿兑现没关系，没必要百般羞辱人家。他当初哪里是爱老婆，他就是以爱老婆的名义爱他自己。面具一旦被拆穿，便凶相毕露。

所以，男人对女人的诺言，可定性为一种计策。郁达夫追求王映霞时，情书写了无数，哭鼻子抹眼泪，寻死觅活，仿佛纯情少男，脆弱得一塌糊涂，完全忘记了自己是已有老婆、孩子的三十多岁的男人。王映霞犹豫不决时，郁达夫追到家门口，取得王映霞的祖父，一位喜欢谈诗论赋的名士的信任。王映霞的母亲虽不同意，但她也要听父亲的话，这样，郁达夫硬是和王映霞定了亲事。在追求王映霞期间，郁达夫每天都记日记，把自己写得肝肠寸断，追得如何苦，如何累，对方如何像猫戏老鼠一样折磨自己。从王映霞的角度，当然未必如此。有一次日记被王映霞看到，大发雷霆，要跟郁达夫断绝来往。郁达夫赶忙道歉，写信告诉王映霞："我的日记是决不愿意在生前发表的。"可就在和王映霞订婚三个月后，他没有任何征兆地把日记公开出版了，书名是《日记九种》，引起巨大轰动，同时也把王映霞置于极其尴尬的境地。"他觉得光用公开的仪式似嫌重力不够，这样将生活细节公之于众，我就不能再化作漏网之鱼。这是他个人想法。我读了《日记九种》，却感到他处处在为自己打算。"在男权社会，一个未婚的青春少女成为话语中心，被人家指指点点，那是怎样一种处境？

在王映霞看来，郁达夫的热烈衷肠、浪漫情怀，处处充满了算计，先博老人同情，再广泛散布消息，制造既成事实，让王映霞毫无退路。这即便不是刻意，也是一种自私的本能。

话说回来，女人看到了男人的算计，正说明她们自己也在算计。不能因为对方的算计，就谁也不嫁。她终究要踏进一条河。于是王映霞嫁给了郁达夫。天花乱坠的誓言无须当真，就当和自己赌一次，没到剧终，谁也不知道胜算几何。

幸福的野葡萄

永远忘不了小时候的一段经历。

那时我读三年级，一天早晨，在上学的路上，我意外地发现了一株野葡萄。那株浓绿的野葡萄静静地站在路边，站在茂密的杂草、野花丛中，一下子照亮了我的眼睛，那上面挂满了紫的、红的、绿的野葡萄，如同一颗颗美丽的星星。我小心地摘下一颗，放在嘴里，那甜甜的滋味一下子浸润了我整个身心，使自幼家贫，很少有机会像有钱人家的孩子那样熟知水果味道的我感到一阵战栗般的美好。我又摘下一颗，那甜甜的略带点儿酸涩的滋味再一次蔓延开来，这一次我感到美好是切实的，是真正属于我的，对于一个连饭都勉强吃饱的孩子来说，这种幸福是多么的弥足珍贵啊！

我只吃了两颗，仅仅两颗，我应该好好地珍惜，尽量延长这样的时光，我轻轻地用杂草把那株野葡萄挡好，又以儿童特有的狡猾做了一些伪装。这时太阳已经完全出来了，我披着满身的阳光向学校跑去。那一天我过得特别快乐，和同学们玩得非常开心。

放学回家的路上，夹杂在一群叽叽嘎嘎的孩子中间，我还特意瞅了瞅那株掩藏在杂草丛中的野葡萄，啊，它依然站立在那儿。

第二天早晨，我迫不及待地向学校的方向走去。当来到藏有野葡萄的地方时，我不禁呆住了。我看到一片杂乱无章的脚印。那株野葡萄已经被连根拔了出来，蔫蔫的叶片上还挂着几滴露珠，像是谁的眼泪。野葡萄也被无可挽回地踏了几脚，到处都是散乱丢弃的野葡萄粒，有的已被踩瘪，浓浓的汁液溅到草地上。可以想见，这一定是昨天放学以后哪个淘气鬼干的。我一下子被巨大的悲哀淹没，眼泪夺眶而出。

幸福不会永远在路边为我守候，它随时都有可能被别人连根拔起，丢弃在生活的一侧，因为我的幸福对别人来说也许是无足轻重的。在以后的道路上，我逐渐悟出，我应该以平常心对待命运安排给我们的突如其来的幸福。要想更长久地拥有野葡萄，也许，我该把它种到自己家中。

最后的警笛声

2004年12月26日，海啸袭击了整个东南亚地区，数十万人死于非命，整个世界为之睁大了惊恐的双眼。其实，对于印度尼西亚亚齐省的一些居民来说，海啸并不是突如其来的，此前几分钟甚至几个小时，他们已经得到了警报。

“呜——呜——呜”，尖利的叫声打破了海边渔村的宁静。一辆警车拉着警笛在沿岸的公路上高速行驶着。“海啸要来了，赶快逃生！赶快逃生！”高音喇叭里急迫地重复着这则消息。人们闻声纷纷跑出来看个究竟，当意识到危险确实已经来临时，他们赶紧逃离家园。

那辆警车像疯了似的，穿梭在各个村寨之间。警车仿佛一只火把，它经过的每一个地方，都会拥出一群群惊慌失措的人，什么也顾不上拿，有的甚至光着脚，扶老携幼，往附近的山丘上跑去！山顶上的人越来越多，从山上看下去，警车小得像一只甲壳虫，却执着地奔忙着，跌跌撞撞地奔忙着，这是在与死神抢时间，这是在与死神抢口粮啊！

人们看到，排山倒海般的巨浪终于涌上来，由远而近，一下子把警车吞没了，无声无息。那几个最早得到海啸消息的人，消失在大海中。

但是，尖利的警笛声却越来越大，超越了震耳欲聋的海啸，长留在这片被伤感浸透的土地上。我期盼他们走得沉稳、美丽。但他们肯定会有累的时候啊。那时候，我愿伸出一双有些瘦弱但非常执着的手，给他们一个永恒的安慰！

每人都有一个爱人

有一次在火车上，我对面坐着一对年轻夫妇，从他们的衣着上看，很难辨清他们的身份。男人的脸上脏兮兮的，眼睛一个大一个小，突兀地对称在那儿，显得有点儿瘆人。女人长得也比较丑，五官分布得很不合理，太阳穴深陷下去，衬得脸颊也显得干瘪。这样的女人走在大街上，我们肯定会觉得她属于嫁不出去的一类。

他们两个坐在那儿，面前堆满了苹果、橘子、可乐之类的东西。男人剥了橘子皮，撕下一瓣，塞进女人的嘴里。女人大声地嚼着，很不雅观，男人也不嫌，继续着他的动作。打量一下，男人脸上的表情，是所有男人的沉稳，女人眼里的沉醉，也是所有女人容易表现出来的那种幸福。

这让我的心使劲儿跳了一下。我发现在这个世界上真正孤独的人其实是很少的，他们几乎可以忽略不计。每个人都有一个爱人。丑的男人，自有和他相匹配的女人来接纳他，并且爱他。

好像这也并非仅仅是委曲求全几个字就能解释得了的。走在街上，有时候我们会看到一对显得极不般配的男女在幸福地走。一个个子很矮的男人和一个高挑的女人，胖得走路都喘的女人和瘦得一阵风就能刮走的男人。要么一个白皙文静，一个漆黑而粗壮。而且据专家称，这样的结合比起那些金童玉女式的组合来说，更具有稳定性，更加持久。我想，可能是每个人的身上都有一种特殊的东西。这种东西只有那个爱他（她）的人才能感觉得到。这种东西在别人眼里也许是无所谓的，甚至不值一提，但它静静地存在着并且等待着。当有一天终于有人发现了它，眼睛一亮便奋不顾身地扑上来。

众里寻他千百度，蓦然回首，那人却在，灯火阑珊处。所以，如果你现在还形单影只也不用担心，爱你的人正在寻找，就像你现在正在等待一样。

深深一躬

上海郊外的一个别墅小区里，有一位老花匠。老花匠每天种花、浇花、修剪花，日出而作，日落而息。他为之服务的，是这个城市里最有身份和地位的人。那些人腰缠万贯，一呼百应，每天开着轿车往来于城市中心和这个别墅小区之间。那些人脚步匆匆，左右着上海前进的步伐。老花匠则不紧不慢，穿梭在花丛之间，树枝之下。他向西装革履、高贵优雅的先生女士们微笑、点头，甚至还和他们打招呼，那些人很有礼貌，对他的问候总是报以矜持的微笑。但老花匠明白，自己和人家永远是两个世界的人。他不知道那些人在忙些什么，想些什么，自己只是一个从乡下到城里来打工的人，没资格认识他们。自己只要照料好每一块泥土，让泥土上的鲜花愉悦那些匆忙的人，这就足够了。

有一天，老花匠倒在了泥土上。他得了急病，昏迷过去。保安赶紧报告物业公司的经理。“老花匠病了，需要送医院，现在他身上没有一分钱，请大家伸一把手吧！”小区的广播里立即播出了这个消息。一些门打开了，一些急匆匆的脚步停下了，就在等救护车的几分钟里，一张张票子揣进了老花匠的兜里。

几天后，老花匠顺利出院了。从乡下赶来的女儿把他扶回小区。那些衣冠楚楚的业主，见到他，依然矜持地对他笑笑，和他擦肩而过。但老花匠感到自己和他们不再有距离了。他找到物业经理，找到保安，要谢谢那些解囊相助的人。可是，没有人能提供一份名单。显然，他也不能挨家挨户敲开门去询问。

女儿搀着老人，徘徊在小区的别墅之间。天色渐晚，灯光亮起来了。昏黄的、明亮的，整个小区星星点点的光亮，晃在老人的脸上。他在每一栋楼前停下，认真地站好，深深地弯腰，鞠躬！

坚硬的城市，在坚硬的外表下还有这么多柔软的地方。他向这永不蜕变的柔软鞠躬！

背负亲情

15元能做什么？拿这个问题去问风华正茂的莘莘学子，你会得到各种各样的回答：不够两个人吃一顿烧烤，刚好能看一次录像，买两包中档香烟……

然而一个真实的故事却深深震撼了我。武汉科技大学新生报到的最后一天，下了大半天雨，气温骤然下降。一位来自农村送女儿上大学的父亲将女儿安顿到宿舍休息后，已是晚上九时左右。为节省学校招待所优惠给家长的15元住宿费，他竟在女生宿舍外的露天水泥乒乓球台上睡觉。虽然后来被学校有关人士发现，免费安排他住进了男生宿舍，但一位农民父亲节省15元的故事还是很快在同学们中间传开了。

这位家长对询问他的人说，他有两个女儿，大的已成家，家里唯一的负担就是供小女儿上学了。夫妻两个除做农活和可在农闲时外出打工，要说也没什么困难。但是再有钱也要用到实处，在外面睡一晚没什么，节省下的15元还可以给孩子买一本书呢!

当晚近10时，同学们将这位父亲为省钱宁可露宿的举动告诉了他的女儿。该女生一听便呜呜哭了起来。她说：“父亲说好住招待所的，怎么还舍不得花这一点儿钱？可他为我上学一掏就是几千元钱啊……”

这个故事静静地躺在报纸的一角，也许没人注意它。就如同我们对亲情太熟悉了，反而忽略了它的存在。15元虽少，但它背后凝结的那浓浓的亲情却给了我们心灵太多的沉重。“有钱也要用到实处”，那位父亲的话像一只盛满了浓情的筐子，让我背负着它，学会珍惜生活中走过的每一步。

袜子

没有谁能看出她与那些普通的城市白领有什么不同。下了班，她常常和同事们一起去上岛咖啡店坐一会儿，悠闲地听着音乐，轻轻地啜饮半杯咖啡。周末的时候，则找几个闺中密友逛街。她们从不去批发市场一类的地方，偶然经过，马上像躲瘟疫一样避开。她说，那种地方太拥挤，一旦失火，跑都跑不出来。其实，她是讨厌那种吵吵闹闹的氛围。

与其他女孩子一样，她喜欢鲜花和巧克力。喜欢过感恩节、情人节、母亲节一类的西方节日。她还爱和男朋友怄气，无缘无故地向男朋友发脾气。当然，每次遇到这种情况，最后总以男朋友的再三道歉和劝慰而告终。

她爱干净，裙子穿两天就要洗一次，每天回家第一件事就是洗脸，用香皂洗好几遍手。她的屋子里擦得纤尘不染，穿着袜子在地板上走上一天，也不会脏。她喜欢白色的袜子，一买就是一打，用不了几个月，就要扔掉再买，男朋友开玩笑地说，她的袜子基本上属于一次性用品。有一次，她被外派出差，一个月后回来的时候，正是晚上，家里却没有备用的袜子了。她让男朋友到楼下去买，赶巧的是，楼下的超市里也缺货。她很生气，对男朋友发了一通脾气。男友以为这只是一次例行的发作，但是他哪里想到，她竟因此半个月都没有理他。两个人最终差点儿分手。

其实，背后的真实原因是，她从小家境贫寒，去别人家玩的时候，从不敢上炕，因为她的袜子都是露脚指头的。今天她有了钱，就拼命买袜子。她心中的隐疾就像袜子上的洞，一直不愿示人，但是扎在她的心里，终其一生。

有时候，我们以为时光可以排除掉一个人身上那些胎里带来的东西。但是，它终归会留下点儿痕迹。

穷人的成本

姐妹三个，最大的14岁，最小的才七岁。在一次车祸中，她们的父母不幸丧生。只剩下身体有病的爷爷带着三个孙女一起生活。这年夏天，姐姐考上了县里的重点初中，但却无钱就读。这件事被当地一家报纸披露后，女孩收到了500元的捐款。除去学费，还富余出200元做生活费。

时间一晃就是六个月。要过春节了。姐姐回到家里过年。爷爷愁眉苦脸地告诉她，你的两个妹妹没钱上学了。姐姐犹豫了一下，从兜里掏出一张被揉搓得不像样子的百元钞票，递到爷爷手中。爷爷问："学校免你的费用了？"孙女摇头。爷爷又问："你偷别人钱了？"孙女还摇头。"那你是从哪里来的这100元？""就是人家捐的那些钱中剩的。"

也就是说，这个女孩子，半年的生活费只用掉了100元。

这是个真实的故事。捐款的那个人是我的一个朋友。这年年底，他应报社的要求，对受助者进行回访，目睹了这一幕。半年，100元。一个月平均16元钱，每天就是五毛钱，一天三顿饭，一顿饭……

我的朋友绞尽脑汁，无论怎么算，也算不出这些钱是怎样维持了这个孩子半年的生活。

那么多城里人在一掷千金。但是，就在离他们不远的地方，有个未成年的孩子却在以我们想象不出的方式计算着自己的生活。而我，一个业余写写字的文人，在讲这个故事时实在不知道该提炼出什么样的主题，我的心里很沉，很沉……

小鸟的果实

邻居家的小男孩亮亮才四岁，他总爱向我提出许多千奇百怪的问题。那天他站在院子里的大枣树下抬着头出了半天神，然后噔噔噔地跑到我面前说："叔叔，你告诉我，树上结什么果子？"我回答道："枣树当然结大红枣喽！"

"不对，"亮亮坏坏地笑了，"叔叔你可真笨，树上结的果实是小鸟！"

"净瞎说。""你自己瞧啊。"他指着院子当中的大枣树让我看。我顺着他手指的方向一瞧，可不是，只见浓绿浓绿的叶子中间赫然站立着一只黄色的小鸟。那只漂亮的鸟儿正瞪着惊奇的眼睛看我俩说话呢！

我心里一颤：多么可爱的孩子啊！

但我还是说："亮亮，那小鸟可不是树上结的，它是飞来的。"

"从哪儿飞来的？""从天上。"

亮亮低头想了一会儿，忽然抬起头，瞪着一双明亮的大眼睛问："那么说，树叶也是从天上飞来的了？"

“这……”

“怎么样？回答不上来了吧？”亮亮骄傲地说，“我就知道你是骗我的，你当我不知道啊！”

我不知道该说什么。看着亮亮那纯真的目光，想，就让他永远认为小鸟是树上结的果实吧。

等待，等待

一对农村小夫妇，到著名的大都会——重庆——去寻找打工机会。下了火车，当初约好来接站的老乡因为有事而没有来。丈夫把妻子领到高楼下面的一个角落里，对她说：“你在这里等着，我去看看情况。”

其实，丈夫也是两眼一抹黑，只是，他必须给妻子一份信心。丈夫东张西望，走出去没多远，一辆三轮车迎面撞来，他躲闪不及，扑倒在地。刹车声、尖叫声以及混乱的人群将他淹没了……

妻子瞪大了眼睛，看着一张张僵硬的面孔像电影蒙太奇一样从自己面前闪过。她一动也不敢动。她知道，在这个大海一样的都市里，她只要离开一步，丈夫就再无法找到自己。他们这两滴水就会从此消融在无尽的陌生中。太阳落下去了，又升起来，再落下去，再升起来。妻子这一等，就是三天时间。没有人问起她到底在这里等什么，甚至没有人正眼看她一下。

后来，丈夫终于被医生救醒。警方问起他的身世，他说，他的妻子还在火车站附近等着他呢。警察只好抱着试试看的心态到他指定的地方来寻找。结果，他们看到了，一个虚弱的女子，一个已经饿得站都站不稳的女子，一步都没有离开最初和丈夫分手的地方！

很多人在好奇地问，她为什么要如此固执地等下去。但是，自始至终，都没有人关心过，在那等待的三天里，妻子到底想了些什么。她到底经历了怎样的心理历程，是焦虑，是绝望，是期盼，是担忧，是祈祷，还是恐惧？但总之，她终于等到了一个凄惶的结果。

有人说，归根结底，这一切都是因为她的执着。可是，但凡有条退路，谁愿意在焦虑、绝望、期盼、担忧、祈祷、恐惧和百爪挠心中，把唯一的希望交给这样的执着！

奔跑的出租车

这是个真实的故事，吉林省吉林市第四中学有一个“双特班”，所谓“双特”，即“特优”“特困”，性质类似于全国闻名的北京宏志班。“双特班”的学生都是校长亲自到吉林市的郊县一个一个地认定，然后又经过考试才被挑选出来的。这个班的学生不仅可以免交学杂费，而且还有生活上的特殊优待。这些优秀的孩子是幸运的，他们中有许多人都考入了当地的重点中学，但是根本无力就学，是“双特班”给了他们一个机会，他们都十分珍惜这个难得的机会。

1997年，第一批“双特班”的新生入学。2000年，他们顺利完成学业，据说，98%的学生都考入了大学。这个比例在当地应该说是惊人的。

但是升学率并不能代表一切，这些孩子们的懂事和早熟也让人深深为之心动。我看过他们编写的小刊物《双特班》，里面的文章所透出的对生活的沉重思考以及对未来那不可抑制的美好期待始终弥漫在我的心里，他们让我曾读过的许多所谓的文学作品都黯然失色。

一位老师还给我讲了这样一个故事。有一次，正在上自习课的时候，“双特班”的一名学生突发急病，倒在地上不省人事。同学们手忙脚乱地把那名学生抬了出来，医院离学校还有一段距离，为了抢时间，他们拦了一辆出租车，把得病的同学抬上了车，又有两名学生坐上去照顾他，这时出租车里就塞满了。他们催着司机快开车。出租车一溜烟地向医院奔去。剩下的十几名学生当然放心不下那名同学，他们要跟着一起去医院。怎么办？打一辆车只需要五元钱……然而，几乎是不约而同地，“双特班”的同学们一起撒开腿跟着出租车跑起来……

那一天，在长长的街道上，好奇的路人们都看到了这样一道亮丽的风景：一辆出租车在前面飞驰，十几个衣着朴素的年轻人在车后执着地奔跑着，一路灰尘，一路汗水……没有人清楚这到底是怎么一回事……

苦孩子

这是在酒桌上，一个朋友给我们讲的一个故事：

“我邻居家的小朋跟我同岁。他家里特别穷，常常吃了上顿没下顿。但小朋的父母都是要强的人。那个特定的时代不可能有其他途径去挣钱，他们就千方百计地节省下一点儿给他们的孩子。但给小朋立了条原则，不能随便接受别人的东西，他们还不起人家的情，干脆就不欠别人的情。

“我14岁那年，小朋也是14岁。有一天我妈妈买回几个橘子，在路上碰到小朋，就拿出两个来给小朋，小朋说什么也不要。我妈说：‘你这孩子，你王姨又不是别人，回家你妈不会说你的。’于是小朋犹犹豫豫地接了过去。我妈刚一转身，小朋狼吞虎咽地就把两个橘子吃下了肚。回到家，小朋对他妈妈说：‘妈，刚才王姨给了我两个圆圆的东西，怎么……看着挺好，怎么吃着不太好吃呢？’他妈妈问：‘你吃的是什么？’小朋说：‘好像是叫橘子，皮太涩。’小朋妈一下子泪就落下来了：‘你怎么

连皮都吃了？橘子是不能吃皮的啊！’然后又埋怨孩子：‘我不是告诉你别要人家给的东西吗？你怎么这么不听话！’

“小朋哇哇地哭了。从那以后，小朋真的就再没有接受过任何人的赠品，现在见了面，连我们的烟都不抽。

“小朋去年从清华大学毕业了，留在了北京，每月给他妈寄回200块钱来。”

朋友的故事讲完，大家沉默了，好久都没说话。

这让我想起另一件事。有一天，我与女友一起在她所在的那所大学食堂里吃饭。女友指着旁边一个穿得很简朴的学生悄悄对我说：“那个男孩每次都要半份菜，专门拣最便宜的买。我注意过很长时间了，他总是最后一个来打饭，因为这时都是剩菜，大师傅给盛得多。”

我瞅了一眼那个男孩，见他坐在那儿默默地吃着饭，脸上是一副很沉稳的表情。那种沉稳让人感到震颤。你知道，那绝不是痛苦，也不是满足，而是一种介于两者之间的，无声的隐忍。

在我们这个喧嚣的世界中，一些这样的苦孩子，沉淀在海底不声不响地生长着，他们并不为人所注意。应该说，这个年代里的诱惑太多了，他们可选择的方式其实也有很多很多。但难能可贵的是，他们只选择了并一直坚持着这种最原始的方式，而没有误入歧途。所以那些颇有优越感的人们一定得防着他们，总有一天，他们会把你们远远地抛在后面。

爱无距离

她的丈夫出差了。一个昔日的女友留宿在她的家里。

晚上，丈夫把电话打进来，两个人热火朝天地聊起来。丈夫在那头讲，她在这头听，时而听得哈哈大笑，时而故作嗔怒地回击他几句；她在这头讲，丈夫在那边听，时而像个听话的孩子，时而像个严厉的父亲。直到唾沫都快干了的时候才放下电话。

女友从卧室里走出来笑着问：“他出去几天了？”“快一个月了吧！”

“难怪这么卿卿我我的，是不是倾诉思念之情啊？”“不是。”女友以为她是开玩笑。她却说：“这是真的，我们除了聊一些闲话之外，主要就是讨论这两天电视里播映的一部影片。另外，他还给我讲了几个笑话。”

女友不解：“难道你们花那么多的钱打长途电话就是谈这些内容？”

“对呀，我们平时在家里就是谈这些内容啊！”

是爱，把天涯浓缩为咫尺。真正的爱其实很简单，它只是没有距离而已。

女友怔住了。她一下子明白为什么自己与丈夫分道扬镳了。

眼巴巴地看着我

那年，我在郊区一家印刷厂当业务员。说是业务员，其实什么都干，联系客户、送货、要账什么的，都得我自己去跑。

我们那家印刷厂是个小企业，五六十个职工，其中装订工人最多，有30多人，都是附近农民家的女孩子，她们中最小的才18岁。虽然地处大城市的边缘，但是这里还很贫困，每月三四百元的工资，在她们眼里，是一笔不小的收入。不过，受当时经济大环境的影响，我去的时候，厂子的效益已经很不好了，一级批发商、出版社和印刷厂之间互相拖欠，工资一拖就是好几个月。即使这样，工人们也都挺着不肯离开，找个工作实在太难了。

那年的七八月间，天气炎热。又是两个月没有发工资了。这天早晨，老板把我找来，对我说："我侧面打听了，××公司从出版社讨回来一笔款子，你到××公司去问一问，看他们欠咱的钱能不能先支付一部分。"我问："怎么去？"从我们那儿到市中心要走七八十里路。老板说："我给你派一辆车。"说着，他把司机叫进办公室里，和他交代了几句话。司机出去发动面包车的时候，消息就迅速传开了，几个车间都有脑袋伸出来，兴高采烈地看我们做准备工作。

车子开动的一刹那，我不经意间朝车窗外看了一眼，见院子里站着不少工人，她们有的把手揣在兜里，有的互相搂着肩膀，还有的把头靠在墙上，所有的目光都集中在我的身上，她们都在眼巴巴地看着我！那眼神里盛满了期待。我的心一下子收紧了，马上收回了自己的眼睛，再也不敢看她们一眼。21岁的我，感到一种使命感陡然落在自己的肩膀上。

但是那次我并没有讨回钱来，晚上回到厂子里的时候，我根本不敢与那些等在院子里的人对视。当我面对那么多自己根本无法回避的眼神时，我发现了自己的价值，这是次要的，重要的是，我忽然感觉自己竟然同样那么脆弱。

那个印刷厂，据说现在已经黄了，抵押给了一家银行，而那些工人也不知道都到哪里去了。

最后一搏

因为一起债务纠纷，他绑架了自己的仇家，当警察将这座楼房团团围住的时候，他已经几近疯狂。他一只手握刀，架在仇家的脖子上，一只手紧紧握住导火索，他的身上缠满了炸药。“赶紧把欠我的钱还给我！”民警们以最快的速度到附近的银行取出20万元人民币，准备交给他。但他突然拒绝了：“我现在不相信任何人了，赶紧给我一辆汽车，我要远走高飞！”为了保住人质的性命，现场指挥者果断决定开一辆车过去，但是，汽车还没有接近门口，绑匪又变卦了：“我知道你们在跟我耍计谋，汽车我也不要了！”

双方对峙着，此时已近中午，汗水顺着绑匪和其他人的脸流下来。警察用电喇叭向绑匪喊话：“我们给你送一点儿水吧！”“不行，我不要！”“你也该吃饭了，要不给你送些饭过去吧？”“不行，我不吃！”

从望远镜里，现场指挥者看到绑匪眼睛里渐渐闪出一丝绝望的光。坏了，他极有可能要和人质同归于尽。实在不行，只有最后一个办法了，那就是派狙击手射杀绑匪。这时，几名狙击手已经悄悄地找好了合适的位置，一声令下，他们就会瞄准射击。就在这千钧一发的时候，现场指挥者眼睛突然一亮：“在这样的较量中，尽量不要死一个人！”他命令手下赶紧去寻找绑匪的女儿来。

几分钟后，一个七岁的女孩赶来了，这是一个离异家庭的孩子，现在居住在奶奶家。她已经一年多没有见到自己的父亲了。谁也不会想到，父女二人现在竟然要在这样一种情景下重逢。一只用毛巾包好的手机被扔进楼中，围观的人们远远地看到，绑匪捡起手机，凑近自己的耳朵。

就在这时，女孩对着自己的手机撕心裂肺地喊了一声：“爸爸——”绑匪的身子一震，眼泪唰唰地流出来，这边的女孩哭喊起来：“爸爸，我不要你死，不要你死啊……”瞬间，绑匪已经无力地放下了手里的刀……

警察迅速冲进去，将人质解救出来。女孩则和他的父亲紧紧拥抱在一起。这时候，人们站在一旁，没人去打扰他们。绑匪早晚要承担他应该承担的责任，但是此刻，他只是一个父亲，一个四处游荡，一年多没有见到过女儿的父亲。

盲人

每天早晨，在这个公共汽车停靠点，都能听到他的叫卖声：“晨报、晚报、快报、都市报，一块钱四份！”他这一喊，那些常客就会走到他跟前。比起其他报贩，他的生意肯定要好。这是因为，他是个盲人。很多人心里对自食其力的残疾人都有着一份莫名的敬意。于是都有意无意地来照顾他的生意。

盲人从没有收错过钱。假币到了他手上，他一下就能摸出来，比验钞机还灵。盲人还有一手绝活儿，几份报纸都装在一起，他用手一摸，就能找出你要的那一种。有一些人曾经专门来试过，屡试不爽。

清晨六点多，最早上班的人总是能看到他乐呵呵地站在那里，好像他整个晚上都没有离开过一样。他不太爱说话，但是只要有人问他，他还是会毕恭毕敬地回答人家。

有一天，下了一夜的暴雨，早晨还在刮着凉飕飕的风。盲人戴着个大墨镜，站在汽车停靠点，哆哆嗦嗦地缩着肩膀。他手里拿着一个用塑料布包着的兜子，兜子里放着报纸。这时一个外地人走到他身边问：“大哥，去人民广场怎么走？”盲人想了想，用手一指：“喏，往北走。”你别说，他指的还真对。周围知情的人都笑了，外地人不明就里，狐疑地看看大家，说了声“谢谢”就走了。盲人绷着脸，很严肃的样子，大声喊：“晨报、晚报、快报、都市报，一块钱四份！”

微笑是一种力量

在进入这家家具公司之前，她先后干过不少工作，承包过农田，搞过运输，倒卖过袜子，还卖过雪糕。但是，都没有挣到钱。这是个离异的女人，没有年龄优势，长相不出众，学历也低。但是她必须到外面去谋生，孩子还小，两个人的生活重担都压在了她的身上。就在这种情况下，她应聘到这家由新加坡人投资的家具公司当工人。

最初同意留下她的是那位领班（相当于班长），他是名复员军人，为人很正直。领班负责湿板库，她则在这个库里干些杂活。她很珍惜这份工作，除本职工作外，她还尽量干些力所能及的分外活。半年后她被转为正式工人，工资由500多元涨到800多元。有一次，一个木材商因为木料验收问题和他们的老板发生了激烈争吵，最后甚至要撕破脸皮，法庭相见了。她在领班的推荐下，介入了这件事，最后把它处理得很妥贴。她也由此得到了老板的赏识，并发给她300元奖金。

这件事过去后，她很是高兴了一阵儿，但马上又被悲观的现实拉回到愁眉苦脸的状态中。需要补充的是，她在这家家具公司工作了一年多时间，基本上就没有露过笑脸，而且，天天穿着那套老旧的工作服，即使是下了班也懒得脱下来，就更不要提打扮和化妆了。那段时间她的生活真是一团糟。

后来，领班荣升为公司的经理助理。在大家的眼中，他留下的领班位置非她莫属了，但是出人意料，经理助理提议让另外一个人来顶替他的空位。她有点儿疑惑地接受了这个结果。一天，他把她叫去，对她说：“你怎么每天都没有笑容呢？”她说：“就咱们眼前这些活儿还需要笑吗？”他忽然严肃起来：“还真让你说对了，依我看，确实是干什么都需要笑。

你要是会微笑，干同样的活儿，你就能比别人省不少力气。相反，如果天天绷着脸，取得同样的成绩，你就要比别人多付出劳动，因为你的呆板损害了你的努力，我们之所以把领班这个位置安排给另外一个人，就是因为她比你乐观。有时候，微笑也是一种力量啊……”

身边的人讲出来的道理，有时候要比从书上读到的那些东西更容易让人接受。此后她时刻都把他的这句话记在心上，她开始试着用微笑来面对身边的一切。许多老朋友见了她都说她跟以前不一样了，其实她的生活状态并没有变化，变化的是她的内心。

这是一个真实的故事。她现在过得怎么样已经不再重要，但我们可以想象的是，以后，她的生活轨道将沿着另外一个方向伸展……

再等两天

17岁那年，我读初中三年级。我的父亲在市场上摆摊儿做小买卖，挣点儿钱养家糊口。一天中午，我放学回到家里，见屋子里聚了很多人，有亲戚有朋友，大家议论纷纷。而母亲和哥哥却满面愁容。我心里“咯噔”一下子，预感到有什么不好的事发生了。一问才知道，原来父亲被抓走了。

事情是这样的，今天早晨，市场管理所一位女工作人员到各个摊位上去收费，耿直的父亲认为有些费用不合理（后经查，他们的收费项目中确实有不合理收费），便同那位工作人员争辩了几句。女工作人员争辩不过父亲，就报警说父亲妨碍公务，带头抗税。于是，随后赶来的公安人员把父亲带到了派出所。一个上午过去了，父亲到现在还没有回来。

我听后气愤极了。下午我和哥哥到市场上将父亲剩下的货处理完，便开始四处打听那个女工作人员的去向，终于找到了她的办公室。在她下班的时候，我在后面一直悄悄地跟踪到她的家，并画了一张路线图。

在第二天的课堂上，我满脑子想的都是该如何报复那个女工作人员，根本没有心思上课。中午放学的时候，班主任张老师叫住了我：“你先等一会儿。”看其他同学都走了，她才问我：“你昨天下午没来上课，今天上课时又魂不守舍，究竟发生了什么事？”没想到老师竟对我观察得这么细致。一向很坚强的我在慈母一般的老师面前终于露出了柔弱的一面，我放声哭起来。张老师听我断断续续地讲了事情的原委，安慰了我一番，最后她对我说：“我很理解你此刻的心情，不过我有一个小小的请求，希望你能答应。”“请求？”我有点儿不明就里。“是的。无论你有什么样的打算，请你一定等两天以后再说。等上两天，答应我，好吗？”看着老师那期盼的眼神，我点点头。

一天后，我最初的愤怒开始淡化。又过了一天，父亲平安地回来了，他同时带回一个消息，自己被减免了三个月的税费。我们都没想到，这件事竟会有这么一个皆大欢喜的结果！

然而我心里又产生了一丝后怕。我难以想象，如果自己真的采取了报复措施，我的命运将会产生怎样的巨变。我深深感谢自己的老师当时没有用大道理来说服我，而是先让我冷静下来缓和心情。她让我的生活沿着正常的轨道一直运行到今天。

新壁纸

第二次到那个女孩家里去的时候，老板的心被深深地震撼了。

女孩今年20岁，患有先天性心脏病，有一次她在打工的岗位上累昏了过去，被工友们送进医院。和她临床的病人恰好是一名记者的妻子。记者在护理妻子时了解了女孩的情况，回去后他写了篇文章，呼吁善良的人们募捐为女孩做手术。那天老板正在饭店门口等几个外地的朋友，在等待的空隙，他从报纸上看到了这篇文章。当时他的脑子热了一下，便给朋友打电话说："你们今天不要来了，咱们明天再约个地方。"然后他开车到了报社，把今天准备请客的2000元捐了出去。记者很感动，领着他亲自到女孩家里去了一趟。到那儿一看，老板才发现女孩面临的情况绝不仅仅是做个手术的问题。她母亲常年瘫痪在床，生活不能自理。父亲智力有残缺，找不到工作。一家三口除了城市最低生活保障金，没有任何经济来源。在深思熟虑后，老板当即决定，每月为这一家人支付200元的生活费。也许有人会说，这区区200元对他这个百万富翁来讲还不是小意思！其实，每次在饭店吃完饭，老板都要让服务员把吃剩的饭菜打包带回家，他的每一分钱都是花在刀刃上的。

媒体的喧嚣很快就过去了，一切都像没有发生过一样。只是从那以后，女孩每月20号都要到老板的公司里来领取属于她的那一份200元的生活费。一年后，老板第二次到女孩家中去了一趟。

走进一座高楼后面那个只有八平方米的小偏厦子，老板看到女孩一家三口都穿着显然是刚换上的新衣服。老板坐到炕头上，女孩的母亲已经不能说话，她紧紧拉住老板的手，眼泪唰唰地往下流。老板赶紧安慰了她几句。接着又问了问女孩的病情和她父亲的近况。大家正在谈着，老板忽然发现屋子里比第一次来时明显亮堂了许多。仔细打量了一下，他发现四壁上原来贴上了一层崭新的壁纸。一问才知道，那些最廉价的壁纸是这一家人得知老板要来，特意在前一天买来贴上的！

走出女孩的家，钻进自己的小轿车里，老板终于忍不住流下眼泪。在商场摸爬滚打这么多年，他从没因为得失流过泪，但现在面对着在寒风中依偎在一起的一家人，他心中最柔软的部分被触动了，善良的人们，总是那么容易互相打动……

我相信你

寒假结束，我挤上了返京的列车。

我整理了一下皮包，把它塞到座位下面，坐下来打量我周围的人，一个中年男子及一个衣冠楚楚的妇女，两个民工打扮的人，正在低头翻着几本破旧的杂志。他们都漠然无视我的到来。最后我的目光落在坐在我对面的那个小伙子身上。小伙子白皙、干净，看上去挺英俊。他微笑着朝我点点头。我也朝他点了点头。

气氛很沉闷。十几个小时的路程呢，要是光这么干坐着可真让人受不了。我试着打破这种僵局，从皮包里拿出几个苹果分发给周围的几个人。中年男人摇了摇头。两个民工更是用警惕的目光望了我一下，然后坚决地低下头去。我很尴尬。小伙子却伸手接过我的苹果，笑着说："谢谢你。"我感激地说："没关系。"

于是我就和那小伙子说起话来。小伙子不仅善解人意，而且健谈。颇有一种相见恨晚的感觉。

火车渐渐驶进一个小站。我到厕所里解手。而当火车重新开动的时候，小伙子已经下车了。我实在有点儿遗憾。

过了一会儿，我想拿条毛巾擦擦汗。朝座位底下一看，皮包不见了。我吓出了一身汗，问谁看见我的包了。中年男人懒洋洋地说："大概是坐你对面的那个小伙子拎走了吧。"我的头嗡地一下大了，脑子里立刻闪过了父母已经重复多遍的两个字：轻信。但我的怒火马上转移到这几个人身上："你们怎么不拦住他？"刚才我曾从包里拿苹果给他们，虽然他们没有接受，但他们起码知道那皮包是谁的呀！

没有人回答我。他们冷漠地坐在那儿，无动于衷。中年妇女用带点儿好笑的眼神瞟了我一眼，好像我提的问题很怪。我知道他们的沉默里可能包含着对我如此冲动的鄙夷，你们刚才不是还谈得热火朝天吗？素不相识的，你就敢肯定他不是在骗取你的信任？

但我无论如何不能接受这样的现实！

“票！”列车员向我伸出手来。我说票放在皮包里，皮包被一个狗杂种顺手牵羊牵走了。没等我说完，列车员就“哼”的一声打断了我：“算了吧，甭来这套，你跟我来！”列车员把我带到车厢后面，面无表情地说：“补票！”我说我的钱也放在皮包里一同丢了。列车员说你嘴倒挺硬啊！我赌咒发誓说我确实是买了票的，请列车员同志相信我这一次，不信他可以翻翻我的身上，确实是一分钱也没有了。列车员上上下下打量了我一番，说：“相信你这一次，对！我信你可谁信我呀。没钱也敢上火车，胆子不小。得了，放你这一马，下站你给我痛快下去。”

我被赶下了车。风从我的身旁呼啸着掠过，在这个荒凉的小站上，我孑然一身，四顾无人。我蹲下身，捂着脸哭了。

“小伙子，怎么了？”有人在拍我的肩膀。我从泪水中看到一名50来岁的巡路工。他的脸很和善，可再和善的脸又有什么用呢？小伙子倒和善，却是个骗子；列车员也长得不错，但他却认为我是个骗子！

不过，我还是哽咽着说出了自己的遭遇。

“喏！”四张10元钱的票子递到我的面前，“这些够不够回去的路费？”以夕阳为背景，老人并不高大的身躯四周镶满了金边。“像你这样的情况我遇上四五次了，每一次我都借了钱，有还的，也有不还的，但这一次，”他顿了顿说，“我仍相信你！”

我仍相信你。就是这简单的几个字，让我在万念俱灰的时候，看到了一束强烈而有力的光！